山本哲士

# 甦えれ 資本経済の力

## 文化資本と知的資本



文化科学高等研究院出版局

知の新書
001

✼甦えれ　資本経済の力✼

現在はまさに大転換のとき。時代は変容する。しかし本質は変わらない。ただ本質の歴史的表出が転じる。いろんな物事の要素が新しいもの古いものとからみあって、何を自分たちがなしているのか、これからどうしていったならいいのかが、経済のみならず、教育や学術や、技術や文化や政治などもふくめ、あらゆる場面でしっかりと把握できない事態になっています。既存の知識では、その転換する現実にたちいかなくなっているからです。表層現象だけが、もっともらしく語られている。

資本主義の終焉が、社会主義の終焉ないし再提言とともに粗野に論じられていますが、世界交通のグローバル化と情報技術の生活への浸透とともに、大転換がおきていることはたしかです。

そこにコロナ禍という異常事態が世界規模でまきおこりました。中には９０％以上もの収益の減少が、外在的な規制から否応なく強いられて、危機にある企業や店舗が出現し、苦しんでいる個々人もたくさんでてきています。現在生きる人たちが経験したことのない現実に、それを考える認識や思考さえ機能停止になっています。危機 crisis とは、同時に「選択の好機」をも意味します。

わたしはひとりの研究者ですが、いろんな企業との協働ワークをなしてきた。

そこで驚くべき現実にでくわしました。大学は教育機関として、現実と一歩遅れた学問教育の秩序を保持していて、時代変化に惑わされない再生産装置の仕組みになっているのですが、企業というものは利益追求のために現実変化に敏感に対応して、どんどん変わっていくものだとおもっていたのですが、イノベーションをほとにしないことを知らしめられた。既存の物象化の枠内で実行しているだけなのです。のみならず、自らがなしていることへのしかるべき認識さえ有していないことに気づかされました。怠慢な大卒知性のままで、社会人高等教育が先進国としては非常に遅れた後進国状態で、新たな知識・知性を獲得しているように見えません。

一方、若い人たちは、新たな挑戦をなしていくのはほんのわずかで突出していますが、相変わらずのがれがたい偏差値学力のまま賃労働者として真面目な従属世界のなかで、不安をうちに隠し抱いたまま、自分が何であるのか何をしているのかもわからなくなっているように見えます。

快適で便利な消費社会の安楽は、もはや安楽ではない時点にまでいたっているのに、過剰消費は「欠如の経済」の原理のままで進行しています。欲望充足が感染不安（欲求不満の転移）へと反転している。

資本ならざる資金、投資、利益、生産、商品、さらには広告、マーケティングなど、物質的利益と貨幣利潤の「最大化」の意識的な追求のみが経済であると思いこまれています。

利益から徴収される税の社会的な配分をなす分配原理にたつ政治統治も、実際生活者から離れて、見当違いのことをなしている実状になっている。

非常に高度な和文化も、その多くが職人・伝統技術をふくめて消滅寸前にありますが、日本の文化資本は本質的な普遍力を有しています。主語のない述語制日本語であり、主客非分離の述語技術です。

経済とはそもそも、文化や環境と生活から切り離してなされることではない。つまり、場所に市場がある。

自分自身の足元から、教育や政治もふくめて明証に把握していく手立ての自己技術を、資本経済、場所環境、文化資本から大学知をこえる高度な〈知的資本〉によって考える指針を提示します。

目次

# イントロ
# 新たな〈資本経済〉と場所：知的資本としての概念経済

## New Capital-Economy and Place: the conceptual economics as intellectual capital

――「商品経済」と「資本経済」とが異なるということを、「社会」と「場所」とは原理が違う、さらに「サービス」と「ホスピタリティ」では関係技術が違うことをも含めて考えないと、もう商品経済を繰り返していくことでは利益も出なくなっている現実へ対処できない。

情況として、新型コロナのパンデミックな状態で、世界が麻痺してしまいました。これは、ただウイルスが蔓延したという疾病だけの事態でおさまっていません。個々人の不安が蔓延し、また経済的な機能、都市機能、そして学校・大学などの社会制度機能がストップしてしまう。医療機関自体さえもが対応できなくなる。政治統治においても明らかに世界の指導者たちは混乱しています。いったい何が起きてしまっているのか、冷静に現代世界を見直していかねばならない時にきていると、多くの人が感じていると思われます。そこから新たな社会や経済さらに政治や教育、また新たな学術の可能性を開いていくことが否応なく求められていると思います。

まず、「資本主義」と一般に言われている範疇や考え方の限界はなんであるのか、そして「商品経済」と「資本経済」との違いを導入として明らかにしていただけたならと思います。

## 商品世界の思考形式と感染不安の思考形式

複雑な現実とそこへの理論について「語る」ことは、不正確さをともないますのでここでとりあげる書やわたしの書をしっかり読んでくださいとしかいえないのですが、逆に、「語る」ことで簡潔に要点を示すことはできるかもしれません。この「語り」の限界と可能性とのあいだでお話しします。

まず、生命的な現象と物理的な経済現象との相互性からお話しします。双方に因果関係はありません。しかし、そこへ対する思考形式は同じになっています。つまり物事を考えるエピステーメ*が同じなのです。また事態・出来事が置かれている場が「社会」として同じです。ウイルスはどこでも誰でも同じものが感染していくと考えられています。つまり生命体や環境からウイルスCOVID19だけを分離的に取りだして、同一の社会空間で考え対応している。

少なくとも二つのことがあります。個々人の生命身体はすべて違うということ、つまりウイルスに対して抗体できる人もいれば完全に死まで追いやられてしまう人もいる、〈病い〉とは個々人で違うことが忘却されています。個々人の自律力や病歴などすべて違います。

また、個々人やウイルスが感染していく「環境」状態が〈場所〉によって違うということです。都会の様に人口が密集している場所と、農村の様に人との距離があまり密ではないという次元がありますし、さらに気候や風土習慣など生活環境が違うのは誰でも理解できることでしょう。

* エピステモロジー épistémologie（認識論）を構成する、「認識素体系 épistémè」と私は解す。時代によって変わる真理・学術体系を示す。フーコー『言葉と物』『知の考古学』。意識・認識を主観的人間から切り離し、言表（エノンセ）/ 言説（ディスクール）の物質制から考察すること。連続的に考えられる認知・認識は、非連続な言説的プラチック（実際行為）の系において行使されている。

なのに近代医療は、この二つに対する医療行為を一部をのぞいて多分になしえていません。個人の違いや場所の違いを忘却するか切り捨てて、特定の病気状態を分離し、そこへの一般性を徴候・症例として客観化して普遍であると構成し、その均一世界で医学的診断・処置できる医療化でしか対応しません*。この問題は複雑ですから、別の機会に述べます**。

一方、商品経済は、同じ商品をたくさん作って個々人へ買ってもらう。個々人の暮らし、ライフスタイルはみな違うのに使う商品は同じです。商品自体は多様でありその選択も多様ですが、商品本質は同じです。また、北海道であろうが九州であろうが、関係なく、その環境を無視して商品は作られます。寒冷地で走る車も南国で走る車も同じです。これも個々人の違い、場所環境の違いを忘却するか切り捨てています。つまり、個人や場所よりも優位に立てるものを主に働かせています。個人や場所が従うべきものが別次元で「社会」編制されているのです。

まったくウイルスと商品とは違うことだし、物質的な因果関係も実際にあるわけではない、なのに同じ思考形式が同じ行動形式をもたらしているのです。分離されて規格化された物事、これが、「産業社会的な」認識形式です。そして、生命や物自体や環境とは別の空間を優越的に構成しています、それが「社会なるもの」です、「社会空間」です。つまり、どこでも誰でも同じ均一で均質な空間をナショナルに構成し、そこに物事や人々は所属していくことで、秩序化され、最低限のものが供される様態です。言語も法律もどの場所でも同じです。それが同

* フーコー『臨床医学の誕生』みすず書房
　フーコー「医学の危機あるいは反医学の危機？」「社会医学の誕生」「近代テクノロジーへの医学の組み込み」「十八世紀における健康政策」(『フーコー思考集成』筑摩書房、所収)
** 山本『ミシェル・フーコーの思考体系』『イバン・イリイチ』の医療の章で述べている。

じ思考形式に基づいて、同質の概念空間を構成して、同じ行動形態を生みだしているのです。

　そこに共通しているものをもう少し深い次元で言いますと、ともに「他律様式」を制度化している〈actes〉です。〈action〉は個々人の活動ですが、〈actes〉はある規範化された制度化された行動様態です。医療へ依存、商品へ依存、学校へ依存、企業へ依存して、個々人の生存が成り立つと思われていることであり、そのように行動が規制されます。医学的処置へのアクセスの自由があり、商品へのアクセスの自由がある、学校や企業へのアクセス自由がある、つまり、どの医者・病院も選べますし、どの商品を買うかを選べます。学校・企業の選択も同じです。なのに**意識・行動様態は、学校化・医療化・加速輸送化された同じ制度様態にある**のです*。

　そこに「アクセス可能」が「自由である」とされていることです。つまり、自分がなす行動、生存する行動は、他律へ依存し、それをさらに「受容する」ことで保障されるのですが、そのとき、**社会人として「社会エージェント」へ主体化されます**。社会の或る役割をになって生存できます。

　まず、この三つの点をしっかりと認識に載せてください。一つは、個々人の違い、場所の環境の違いが二次的にされている（無視さえされる）、第二に、他律依存・受容の行動形式になっている、第三に、これらは発展・進歩で幸福になることを優位においた「**産業的な様式**」である、ということです。この三つが、合理性の不合理性として現在の「社会」全体を覆っているものです。つまり、「現代社会」は何をなしているのか、それを自覚にのせていくことが肝要です。

* 山本哲士『学校・医療・交通の神話』新評論
イリイチ『脱病院化社会』晶文社
　　　　『エネルギーと公正』晶文社

〈資本経済〉はそこからクリティカルに可能条件として見出されていきます。批判は否定でも攻撃でもない、己が身の存在／行為と関わっている対象自体とをクリアにすることです。

## 労働者と資本者

――「社会エージェント」として言われていることは、「賃労働者」になるということですか？　それともある決められた「社会」任務をなすことですか？　理論的に、賃労働者から「資本者」への転移を提起されています、そことの関係を説明してください。

文化資本*とホスピタリティを、実際企業との協働ワークの研究の中で考えていたとき、それは商品経済の限界からの脱出を考えていた、批判考察からポジティブな面をどう引きだしていくかの課題でした。資本主義批判において「労働の疎外」がありますが、どうみても疎外に苦しんでいる企業人ではない、積極的にワークしています。労働の搾取とは、賃労働として労働力を売り渡して資本家によって利益を奪われている、生産手段をもたないからだと古臭いマルクス主義の観方があり、そこでは「資本は悪だ」とされています。そんな搾取や悪の世界がこんなに広がりますか？　会社の中で自由でない拘束されている側面がないとは言いませんが、それ以上に社員にとって従属しても得な面が大きくあるから、会社へ就職していくんでしょ。

この労働のネガとポジの世界をどう考えなおしたならいいのか、そこに「資本 capital」は経

* 山本哲士『文化資本論』新曜社
** ブルデュー『ディスタンクシオン』藤原書店

済資本だけではない「社会資本」や「文化資本」など多様な資本が関係していることがピエール・ブルデューの資本概念から示唆されています**。それはしかし、「構造化された諸構造」としての資本概念で、「構造化する諸構造」としてのポジティブな考察はなされていない。

そんなおり、マルクスの『経済学批判要綱』を読み直していましたら、まだ「労働力」概念ではなく「労働力能」という概念なのです。ポジティブに設定しています。それが『資本論』へいく過程で、労働者が搾取される「労働力」概念へと転じられる。ここに、何が起きているかというと、ジャック・ランシエールとピエール・マシュレから示唆されたのですが、**〈資本―労働〉関係と〈資本家―労働者〉なる人格関係とでは「概念空間」が違う**ということです***。

労働者は自分の技能や知性／情感をもっているわけで、その「労働力能」は労働者個人の「資本」であるということです。労働 labour は類的ではない（歴史暫時的なもの）、**資本ワークが類的**なのです。それで自分自身をみなおしますと、わたしの知的な資本でわたしは大学教師の職についたし、いまは研究者として研究生産のワークを出版や研究プロジェクトしているわけです。資産も資財もない、お金をもってはいない、しかし知的力能とその思考技術をもって生活しえています。「わたし」の〈資本〉です。大学教師＝賃労働者にもなれた資本であり、大学教師を自分から捨てて研究者でいられることにもなっている資本です。

「労働力」は商品です。「労働力能」は資本です。これは同じ個人において違うマターになります。元気な会社でのびのびと仕事している元気な社員は、自分の〈資本〉＝力能・技能を生

*** ランシエール「『一八四四年の草稿』から『資本論』までの批判の概念と経済学批判」
マシュレ「『資本論』の叙述過程について」
（ともに『資本論を読む』上、ちくま学芸文庫、所収）

＊「労働」に関しては慎重になるべきですが、産業社会経済では、非常に多様化しており、原発廃棄労働のように給与が高くとも死をかけたものとか（この度のコロナ禍の医療ワークも）、bullshit jobs というどうでもいい仕事や給与の安い過酷労働、移民労働など、明らかな労働疎外がありますが、労働プラクシス（実践）を人類の「全体化」として前提にしている観察者側の、自分を棚にあげた知的気取りの脳天気さが粗雑なのです。

かせる仕事をしえているのです。いやいや仕事をしている人は、自分の資本を生かせていない。給与＝賃金、つまり賃労働者の形態は、やめさせられない範囲でさぼることを不可避に自分利益に考えます。福利厚生がなされ守られ、経営に無責任な労働疎外天国になります*。

労働者ではない、しかし資本家 capitalist でもない、〈**資本者 capitalian**〉として、どういうワーク環境を選んだり作ったりしていくかが大事な主要なことだと気づいたのです。

資本者とは、物・情報も含め〈移動〉mobility し**、〈繋がり lien〉を自分自身で開拓し、制度下で要請される専門技術や経験よりも、絶えず変化する必要に応じて適応し学び、コミュニケーション、傾聴、差異への開放性によって自己組織化するフレキシビリティにあることです。

排他的な競争ではなく、〈coopetition〉と言われていますが、協働しあう高めあいです。〈繋がり〉は自分から選んだ人々との間で築かれます。規則と手続きに枠をはめられた労働の関係ではない、資本者間の選択的な関係です。その〈繋がり〉は、自由に移動できることです。非正規の契約社員を依存へ正規雇用するのではない、逆で正規社員を非雇用の自由の資本者とすることです。

資本者と社会エージェントとの関係ですが、まず基本は、自分は自分の文化資本や社会関係資本を固有に有している、正確には「領有 appropriation」（対象の側に持たれること）しています。学歴は「制度化された資本」ですが、その形式的なもの以外に、何事か知的な力能や技能やあるいは身体能力を実質的に自分のものとして領有しています。情緒や感覚も自分の資本です。

* 労働の疎外は、生産物、労働行為、自分自身からの疎外ですが、疎外状態に対して労働者や労働環境を守り改善する厚生福利がなされ、命令に従っていれば責任をもたずに給与を貰え、経営の複雑さに関与せずにいられる。労働の搾取・支配があるんだと「領有法則の転回」も理解せず、知識ぶったマルクス解釈者が、憤るでもなく、だから若者は就職の際にはよく選びなさい、程度で語られる状態。

** アーリ『モビリティーズ』作品社

人は本質的・生命的に**自律者＝資本者として「自らを制御する情報を自らが創る」**（矢野雅文）のですが、社会空間では、自分は生徒だ学生だ、会社員だ役人だ、社長だ部長だ、また家庭では父親だ母親だ、という社会的に要請される他律役割を制御情報にします。そうしないと社会的に認められず、生存できないからで、専門化された分業的部署で構造化された組織構造内ですでに存在する職位を占める者であり、その任務をはたし仕事を管理・実行する効率によって評価判断されます*。ここに自分が自分に対してズレを否応なく負わされます。社会エージェントであることが自分を活かすものであることと不可避の役割を押しつけられることの二重性をもちます。

賃金を支払われるものと支払われないものがある。その調整を自分としてまた生活環境においていかに調和関係的になしていくかが自分のあり方を決めていきます。そのとき他律賃労働者として行動するのか自律資本者として活動するのか、大きな違いが生まれてくるのです。現在はこの問題にワークする人たちは直面しています。これが、個人とワーク環境との関係の問題です。

## 「商品」と「資本」、サービスとホスピタリティ

もう一つ重要な発見があります。それは**サービスとホスピタリティとの違い**を考察、検証していたことから見いだされました**。

サービスは「いつでも、どこでも、誰にでも」同じことをなすことです（一対多数、多数対多数）。

* 給与も、職制の分類に対応しながら「分類体系」に規則化配置される。規範化された労働であり、労働力を時間管理された、その範囲内での自由です。それでも、自分で選び自らで従属する資本が自分にある。同時に数社に雇用されることもできるようになった。賃労働がレギュラシオン域（規制のゆらぎ領域）に配置されたのも資本者であることの現れです。

** 山本哲士『新版　ホスピタリティ原論』『ホスピタリティ講義ともに EHESC 出版局

それに対して「**ホスピタリティ**」**は**「**いま、ここで、この人に**」(一対一)です。個々で違うことです。そこから、「商品」というのはサービス原理と同じで、時や場所や個人に関わりなく生産される「量産品」です。しかし、「資本」とは固有のとき、固有の場所で、個々人固有に働くものである、ということです。「商品/サービス」と「資本/ホスピタリティ」とは、働く仕方がまったく違うことが見いだせました。ホスピタリティはホテル業のことだけではない。

この現象を、実際経済と理論概念とにおいて明確にしていかねばならないという問題設定がはっきりとしたのです。言説が現実を作っていくのです。これさえ忘却されています。

そこに、先に述べました場所を消しているか否かという、「場所」と「社会」との空間の違いが重なってきます。「**場所**」**は多元的で多様で具体です**。**しかし**「**社会**」**は均一・均質です**。「商品/サービス」は「社会空間」で機能する。「資本/ホスピタリティ」は「場所環境*」において機能する。こういう問題構成的な配置がなされます。

## 「社会」と「場所」

――「社会」と「場所」との違いはいかなるものであるのかをもっと詳しく示してください、それは何のために識別されるのですか?

「社会 society」とは「社会空間 social space」です、実在的なものではないですね。「社会な

* 山本哲士『場所環境の意志』新曜社

るもの the social」があるとされているのですが*、目には見えない。日本全体、アメリカ全体がそれぞれ「社会」とされていて、均一である均質の空間です。そこに、同じ規範に基づいた法律や機関や市場があるとされています。同じことをしかも「平等」になそうという原理ですが、これは「最低限のものをより良くより多く」の原理で、商品原理と一致します。だが実際の現実は不平等です。社会が在る、その社会は公平だという「社会の物象化」になっている。

それに対して、「場所 place」は場所ごとで違う、生態系も環境も文化も暮らし方も違う。方言とされますが言葉も違う。食べ物や居住様式も違う。基本的に「生活慣習」が違う。多元的です。山一つ、谷一つ越えたなら違うのです。場所は「場所環境 place environment」です。経済の市場が場所で違うのに、一つの国民《ナショナル》市場があるとしているのが「社会」です。

さらに、国家のもとで統治がどこでも同じ均一のこととしてなされるのが「社会」です**。

さらに、文化を考える上でも、和服とか和食とか、一つのナショナルな文化があると抽象化しているのが「社会」です。社会物象化は、妄想でも虚構でもなく、物化関係に構成されます。

近代は「社会」を実定化してきました。それによって、「社会市場」を経済市場として編制したのです。市場は経済範疇ではないのに、商品市場としたのですが、それは実際は均一・均質の「社会市場」でしかない。これは、思いこみが習慣化しているので、なかなかわかられないと思いますが、まずは「社会」と「場所」では原理が違うのだということを問題に据えてお

*ドンズロ『社会的なものの発明』インスクリプト

** 緊急事態宣言で、飲食店に毎日6万円を国が払う、小店舗は逆に儲かるが何十人も従業員を抱えている店舗はとても採算があわない。なのに均一に配分統治する。個別の違う事情が鑑みられない、複雑になりかつ不公平だとされるからで、画一の「社会市場への社会統治」しかできない原理なのです。高度なようで、実際は未熟な社会統治です。平時なら不決定で上限だけ定めておいて放任しておけばいいが、緊急時にその不能さが露出します。場所統治に切り換えることです。

いてください。「社会」は複雑な環境から離脱されたナショナルな画一空間です。

以上がイントロで「資本主義」なる擬似概念からは把捉されていない、**商品物象化／制度物象化／社会物象化の総構成**です*。現在の社会世界では、資本主義は〈高度〉資本主義となって、実際には「消費社会」、サービス産業の興隆となっていますが、そこに二つの大きな変貌要因が入り込んでいます。「環境」と「情報」です。地球環境問題が環境経済、環境技術を考慮にいれるべきこととして登場してきてます。また情報技術の急速な発達によって「情報社会」が大きな場をしめてきています。まさに「大転換」とされる変貌が、生活の地盤をも変えている。

経済は、こうしたことにおいて切り離されてはもう考えられない、経済と環境と文化と、大きく三つの領域の繋がりにおいて実際世界にコミットしていかざるをえない段階にあります。

そこで何をなしていくべきなのかを考える基盤が、近代知の知識ではなされえなくなっているのですが、旧態の思考・認識のまま、よくて商品物象化批判のみでとまって、生活の実際の出来事をキャッチしえなくなっている、混乱して何をなしているのかもわからなくなっている。

それを、はっきりさせるべく、わたしは「商品」「社会」「サービス」に対して「資本」「場所」「ホスピタリティ」の観点を入れることで、実際世界、実際行為を明証にしていく指針を提示しています。経済の地盤、自分自身の暮らし地盤をはっきりさせていくためです。思いこんでいる概念空間を転換することで、〈**自分の自分への自己技術**〉を働かすことが可能になります。

* 山本哲士『物象化論と資本パワー』EHESC出版局

# 1 〈資本〉とは何か

経済資本は、文化資本を基盤にして、環境資本を活用し、生活資本をうるおすものとして、知的資本によって運用される。

資本が商品を生み出す。

ひとりひとりは己が資本を、力能として有している。

文化資本の基盤は、言語資本である。

技術資本も環境資本も情報資本も場所から生み出される。

すべてが資本である。

## 資本の概念と資本の理論

——「資本」という概念が、一般では、お金、マネーの資金や資財のことだと考えられています。それだけではない、批判的な考えでは「悪」であるとさえ一般化されています。マルクス主義の影響だと思いますが、山本理論では「資本」の概念が他とまったく違います、ポジティブに考えられています。どうして、そのような概念の使いかたになったのですか？

わたしは、すべてが「資本 capital である」と考えています。実際にそうです。「文化資本」がその核に配置されますが、主要には社会資本、経済資本、そして象徴資本ですが、さらに言語資本、場所資本、環境資本、さらには政治資本、国家資本など、として理論化しています。世界線では「資本」概念はまったく転じられているのです。

客観化された資本だけではない、個々人の力能も資本です。

つまり、資本概念によって、経済関係を考え直すだけではない、主客を分離している近代二元思考をもこえる概念が資本です。哲学、経済、政治を環境や文化とともに考察することです。

最初のヒントは言うまでもありません、ピエール・ブルデューです。最初に理解した論稿は「象徴資本について」でしたが衝撃的な社会科学理論の括りでした*。その次に「文化資本」と「経済資本」との相関関係が示され**、そして「社会資本」概念が経済学とはまったく違って

* Pierre Bourdieu, 'Sur le pouvoir symbolique', *Annales* 3, 1977
** P. ブルデュー『ディスタンクシオン (1979)』藤原書店
*** ブルデュー『政治』藤原書店
山本哲士『ブルデュー国家資本論』EHESC 出版局

示されました。教育論ではすでに言語資本が問題にされ（『再生産』藤原書店）、とうとう政治資本を考えていく先に「国家資本」の概念にまで拡張されたのです＊＊＊。

――でも、山本理論ではブルデューの概念をもこえて考えられていますが。

ええ、そもそもブルデュー社会学さえ、日本では取りあげられていなかった。それほど遅れていた。わたしはメキシコ留学中にイリイチのCIDOC（間文化資料センター）の図書館でブルデューを知り、西訳でいくつか読み大変興味をもち、それをフーコーの社会科学的なものを強調することと併走して日本で導入しましたが、それだけではない、企業との協働ワークで「文化資本」経営を資生堂の福原義春会長とともに企業内へ構成し、かつ一般へ普及させました＊。文化経済（学）だけではない、経済そのものの総体の基盤になっているのです。

しかし、ブルデューには、「構造化された諸構造」の概念が重きをもって（社会に実定化された諸資本の解析）、「構造化する諸構造」の概念空間が指摘されながら実質がないのです。

しかし、実際の企業を見ていますと「構造化する」文化資本の働きが確実にある。そこからでしょうか、「資本」の作用が商品の作用と逆向きになっているのに気づかされました。

他方、大学知ではほとんど無意識に「資本」は政治的な「資本主義」という批判用語と「資本家」と重ねられて「悪」のように見なされていますから、それは「資金／資財」として労働者が持

＊福原義春『文化資本の経営』ダイヤモンド社　1999
山本哲士『文化資本論』新曜社　1999
その後、
池上淳『文化資本論入門』京都大学学術出版会　2017

たざるもののように配置されてしまっています。実際、マルクスの『資本論』ではそうなっています。労働者を搾取する「悪としての資本／資本家」、悪者なのです。マルクス主義思考です。

しかし、先に話しましたが、アルチュセール派の『資本論を読む』で、ランシエールとマシュレが「資本―労働」の概念空間と「資本家―労働者」概念空間とは違う、マルクスは混同している、識別せねばならないと指摘した*。『経済学批判要綱』でのポジティブな「労働力能」が、「労働力」として客観化され、資本から分節化されて、労働力商品の売り買いになってしまいます。

そこを、ブルデューの資本概念を重ねて再考しますと、賃労働者も、それは自分自身ですが、文化資本を有しているんだと分かった。これが大きい。そこから先は、わたし固有の理論になりますが、資本論の第三巻と『剰余価値学説史』を読み替えていかないと発見できない次元です。

そのときもう一つ大きな実際が、ジュネーブで「プライベートバンク」と一緒に学術財団を作った、そのスイスでの金融の仕方とスケールが日本とまったく違うと知ったことがあります。

個人の資産が、企業などよりも大きい実際があり、しかも国家予算を超えたレベルで資本の動きがあるのを知ります。プライベートバンクはお金を扱うだけではない、顧客の全生活に関与しています。金融、資産運用は生活全体に関わるものだからです。

この、小さな資本から大きな資本まで、すべてが「資本」であると分かったときです。ブルデューも資本概念を、さらに拡大して「国家資本」概念にまで拡張していきますが、大きな資

* アルチュセール他『資本論を読む』ちくま学芸文庫

本と小さな資本がある。実際に大きな資本は、国家を超えて機能していますが、その実態は逆にはっきりとつかめない。なぜなら統治技術は国家以下の次元でなされているだけで、国際機関も国家間の調整をなしているだけだからです。

初めて、スイスのプライベートバンクに招かれたとき、見せてもらったのが、景気変動の数百年の動きでしたが、その右肩上がりの中でちょこっと下がった部分がある、これが世界恐慌だと示されました。大した出来事ではないという姿勢でスイスの金融が動いていますが、それも日本のようにただお金を扱うのではない、人のプライベートな生活存在すべてに役立つよう、サポートしています。子供の教育における学校、演劇やコンサートの手配などもバンクがします。わたしが初めてジュネーブに行ったときも、バンクがすべてをしてくれました。

そして、小さな資本というのは、個々人の文化資本を中心にした資本です。考え方ですが、給与も資本です。これを「賃金」だとみなすと労働の疎外が批判考察されます、そうした局面がないとは言いませんが、それは非常に被害感覚のネガティブな受け身的発想ですから、給与を増やせの権利要求という形でしか作用させられなくなります。でも、生活者は給与を使って、自分の暮らしをしているわけでしょ。小さな資本ですが、衣食住の必要な暮らしをしているだけでなく、楽しんだり、遊んだりもして、自分や子どもをいかしている。その人の趣味や考え方も身体も心も資本なのです。しかも、個々人で違う。

これはいたずらな概念拡張ではありません、「構造化する力」としてポジティブに考えていくべきことであり、同時に主体化されるものでもないのです。資本へ領有されている関係です。あくまで「資本様式」として考えていくことです。

「資本は悪だ」などとしている倫理判定による批判言説の対象と理論の場所とを転換しないと、現実に即さないですね。非常に粗雑な思考が、大学知性で一般化してしまっています。

――「資本」は自らの力だということですね。

ええ、〈資本〉を自律性の自己技術として個々人は働かせています。小さな資本ですが、これが基軸です。労働者は自分の資本を働かせて、労働している。お金ではない、スキル／力能です。企業活動は資本の運営です。政治も、国家資本のもとで自らの政治資本を動かしている*。

そうしますと〈資本―労働〉関係は、〈資本〉間関係へと概念が転じられます。これが、実際に企業活動で健全になされていくべきことです。資本間関係を「資本―労働」関係へ分節化する企業は、旧態のヒエラルキー的組織秩序の企業です。資本を削ぎ落とすと「労働力」になる。

物が何もない段階では、労働力として扱った方が生産性が上がりましたが、もうある社会的な生産力が発展した段階では、労働力のままの状態でおいておくと生産性は上がらない。

労働から労働力が分離されて、従属的な業務遂行、つまり自分を無くしていく疎外形態に

* ブルデュー『政治』『国家の神秘』共に藤原書店

否応なくなっていた。命令系統がないと仕事できない。社員はほっておくと怠けるのだ、と信用されていない。この負の「労働疎外」の作用はマルクスが一番明らかにしたことですが、資本間関係の剰余生産がいかになされるかの行為考察はマルクスではなされていません。

しかし、〈利潤、地代、賃金〉の関係を資本間関係として読み直せばいいのです。資本が転化した姿ですが、資本の種別性と考えればいい。資本主義を根源的に見直したリュック・ボルタンスキー*も、資本と賃労働は考えるのですが、もう一つの「地代」を見落としています、これは実は現代世界では「制度」へ転移構成されている関係です**。資本の働きは三位一体を経済基本として考えないとなりません。そこに「知識」が第四の要素として関与しています。

マルクス自身、「資本」がなんであるかわからないと言っていますが、手紙では「資本は関係だ」とも言っています。ただ『要綱』ではその思考形態があちこちにあり、資本論でも注意深くそこを読みとっていくことができます。それはとくに資本論の第三巻です。現在世界は、ほとんどそこに結果していますが、同時に打ち破っていく、脱却できるヒントがたくさんあります。一八五〇年代に本質が見抜かれているのには驚愕しますが、これを社会主義やコミュニズムの政治効果で読んでいくから把捉できないのです。

利潤率逓減の法則などはその例ですが、社会的労働様式総体で賃金分配は決まってしまうのです。平均年収は、日本では約４４０万円ですが、いかに権利要求したところで、それが倍

* L・ボルタンスキー『資本主義の新たな精神』ナカニシヤ出版
** 山本哲士『〈私〉を再生産する共同幻想国家・国家資本』EHESC出版局

にはなりえないのです、均一の社会市場を分配市場にしているからです。社会市場から外れた市場では年収はもっとはるかによくなりますが、そこに今後の新たな企業活動の場所がある。

――マルクスとブルデューとが、資本を考え直す理論ベースだということですね。

ええ、実際に企業は文化資本なしに、経済資本だけでは機能しません。その自覚や認識がないだけで、実際は必ず働かせています。それをみていく上で、ブルデュー理論のまま、またマルクスで意味《シニフィエ》されたもののままでは、「資本」を把握できない。実際的なものをみていくのが理論考察です。抽象理論ではない。ヒントになりましたが、不十分です。

――実例を挙げていただけますか。

たとえば、資生堂でわたしたちが提起したことですが、化粧品を売っているのだと理解されて企業活動がなされていた。では、それはどうして可能なのか？　美の文化を作ったからです。化粧品を作っているのではない、美を作り出して売っているのです。美の文化資本です。消費者は、それを買うことで、自分を美しくさせている、化粧品を塗りたくっているのではないですね。美の資本を使って自分の美の資本をつくりだしているのです。

家電もそうです。冷蔵庫や洗濯機を売っているのではなく、生活の便利さ・快適さを開発し、作って売っている、だから買われたのです。車は移動の便利さ、快適さを作って売っている。商品に落とす可能性は「資本」から、文化的に作り出されて、経済へ配置されていくのです。かつ文化資本は外在性として豊富にある。美術館や文化イベントの運営だけのことではない。ここに、商品と資本との識別の重要性が、企業活動の自覚として出現した。これは、ブルデューもマルクスも言っていない。わたしの研究所が資生堂といっしょに見出したものです。

さらに、企業への信頼があります。この企業が作っているなら安心だ、信頼できるというものです。これは企業の「象徴資本」です。それがロゴやCIとして表現されているものです。さらに、企業が他社と、原料や販売などで社会関係に関わります。これが「社会資本」になる。するとCMとは何か、それは企業へのイマジネーションとなるもので、想像資本です。こうして、象徴資本、想像資本、文化資本、社会関係資本が、経済資本とともに企業活動を動かしていることが判明されました。まさに、これらの資本が関係しあっている、**関係としての資本**です。これら諸資本から商品は生産される。

これらの関係をわたしはラカンの精神分析論のZ図に対応させて理論的に究明した。資生堂との文化資本経営で意図的に為したのは、フロイトの概念スキームをラカンの概念スキームに転じる知的作業でした。フロイトの「意識／前意識／無意識」の階層構造は初期資本主義に対応し、ラカンのスキームは高度資本主義に対応する。必要経済と欲望消費経済との違いです。

## 資本の体系世界

――いろんな種類の資本があるということですが、それは一つの体系を有しているのでしょうか、それとも個々別々に機能しているものなのでしょうか？

資本というのは、物質的なエビデンスにあるものだけではありません。ですから、なおざりにされてきたともいえます。統計化されたり測定化されたり、データや資料や数字に示されるものだけが事実ではない。大学知性は、物証を出せとよく言いますが、それは自分が日々関わっているいろんな働きを見出すこととは関係ないですね。使用価値や交換価値などの価値形式の働きは目に見えないし、無意識や精神やこころの働きは目に見えるものではない。思考なんて手にとれないですが、常に働いているものであり、本に書かれたことだけではないでしょ。しかし、感覚や知覚や情緒など、人のあり方や物事のなされ方において大事なものですね。

目に見える資本もありますが、目に見えない資本がある、そして資本の働きはほとんど物的なエビデンスに現れません。その上で、わたしなりに整理したのが図1です。

文化資本を、わたしはコアにおきます。全てに関与する基本になるからです。

図1は、文化資本の外在的な関係性を示したものです。

主要な外在的関係は、象徴資本と社会資本と想像資本と経済資本の四つです。

## 図1 資本の体系世界

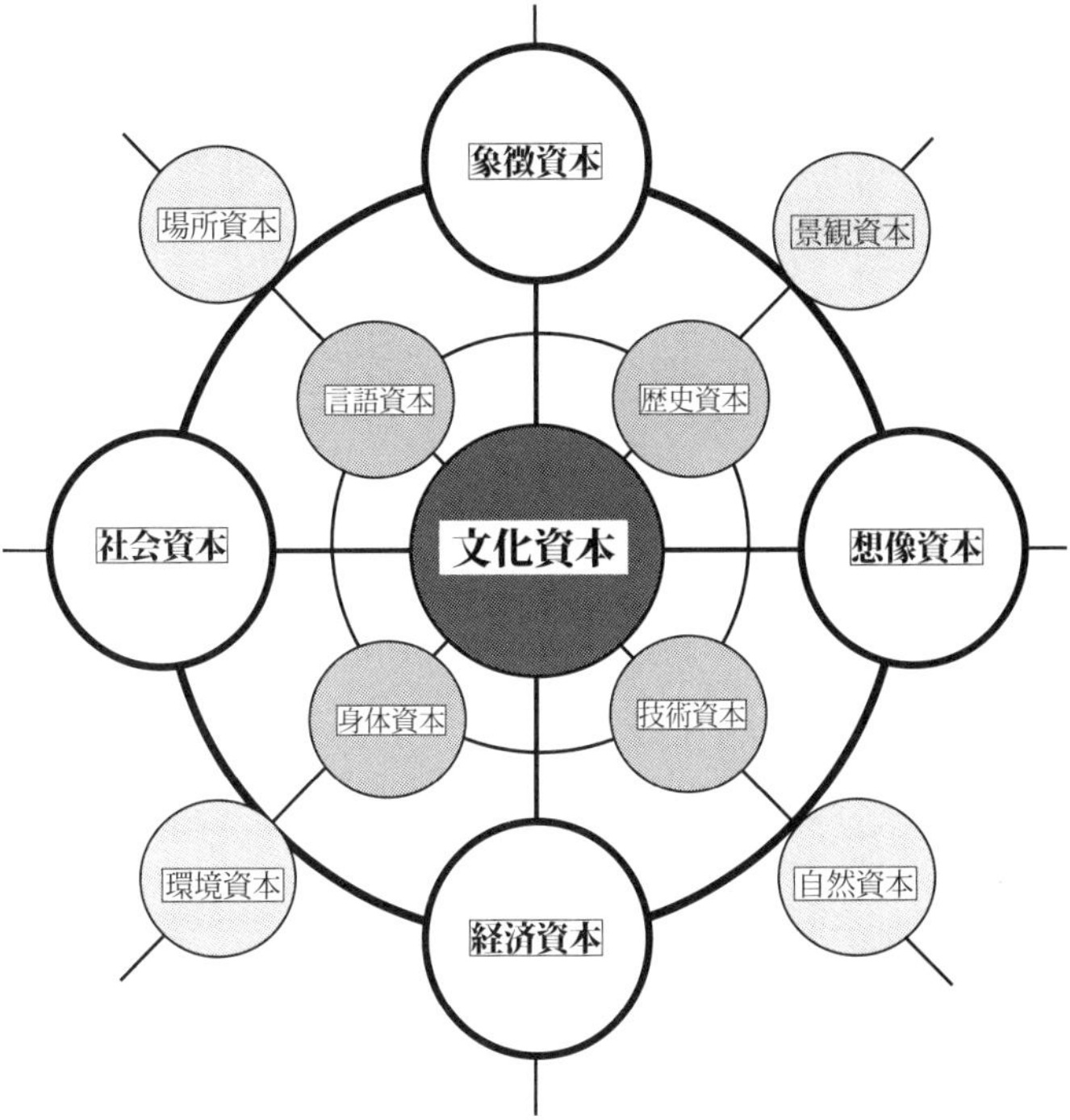


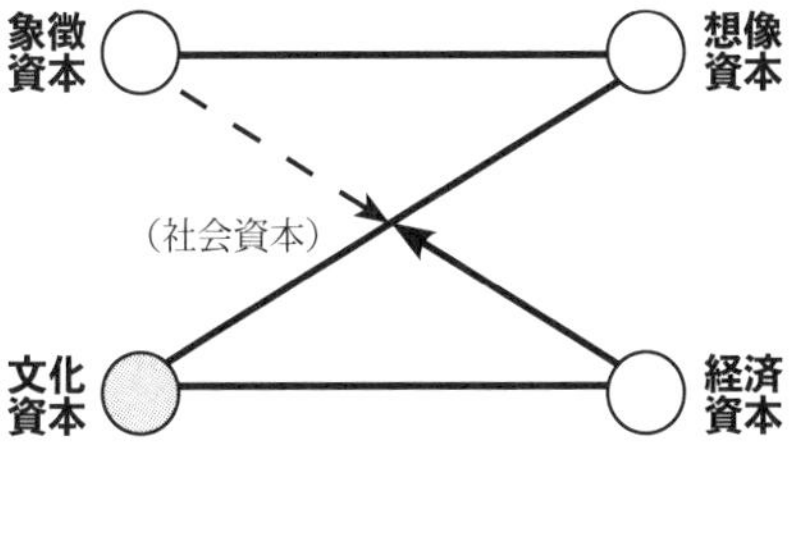


企業活動における
４つの主要資本
それぞれの線は相互作用。経済資本は文化資本と想像資本によって限界づけられ象徴資本からの規制をうける。社会(関係)資本は、これらの地に配備される。

この四つの関係の外縁に、場所資本、景観資本、環境資本、自然資本が配置されています。これらは物的なものとして配備されています。企業を規制しまた企業が活用しうるものです。そして内縁に、言語資本、身体資本、技術資本、そして歴史資本という、個人や機関を規制している資本を配置してあります。これらは明証にあるのに、手にとるようには見えない。

文化資本は、これらの資本の中核として作用しているものです。作用をさせたり作用を受けたりします。繋がりは非分離で述語的な働きになる*。線は相互作用の繋がりです。

これ以外にもありますが、これを基本図として設定しておけば、資本の世界を見ることができます。そして、いかに働くかは、個々のケースで違ってきますから、それぞれで解析し見出し活用していくことです。商品は決まったものを供しますが、資本は非決定です。

図2は、文化資本を構成しているものを要素的に関係づけたものです。個人や機関が、内的かつ外的に規制を受け作用しているものです。

コアに「言語資本」があります。自分が日々話し考え書いている言語様式です。思考や技術などすべての元にある資本です(これは主語的であるか述語的であるかで作用が違ってきてしまう)。身体技術に体現されている身体資本、感覚として構造化されている感覚資本、そして外在的に、文化技術として道具や意匠などに具現化されている文化技術資本、それは実は場所資本として場所ごとの文化や環境から表出されます。それらを、長い波動の歴史資本が規制しています。

* 山本哲士『哲学する日本：非分離・述語制・場所・非自己』知の新書

図2 文化資本の構造

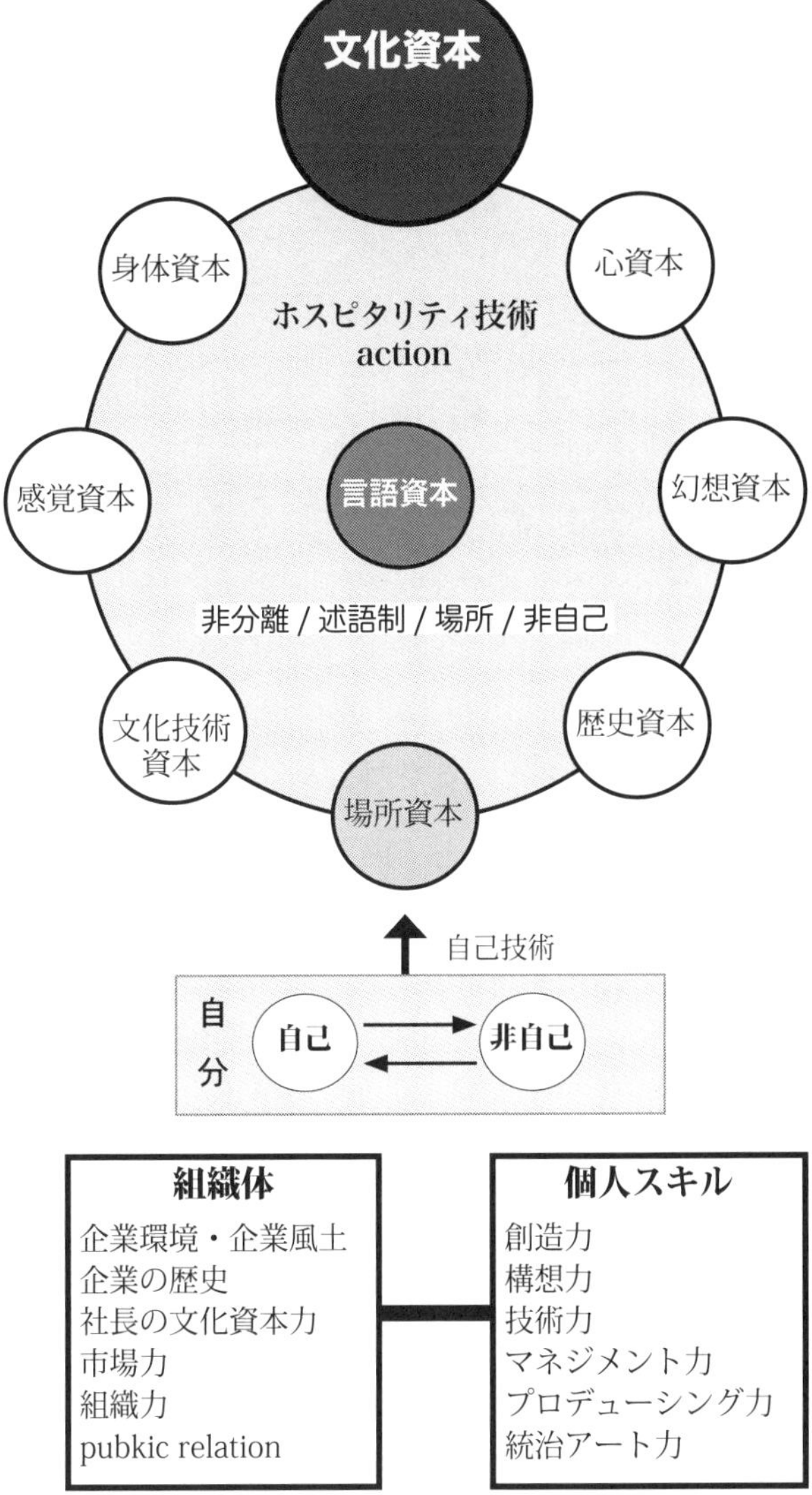
文化資本
身体資本
心資本
ホスピタリティ技術
action
感覚資本
言語資本
幻想資本
非分離 / 述語制 / 場所 / 非自己
文化技術資本
歴史資本
場所資本
自己技術
自分
自己
非自己
組織体
企業環境・企業風土
企業の歴史
社長の文化資本力
市場力
組織力
pubkic relation
個人スキル
創造力
構想力
技術力
マネジメント力
プロデューシング力
統治アート力

そこには暮らしの心性や慣習を規制している幻想資本があり、それは場所住民に心資本として構成されていくものになります（自覚されなくなっている「国つ神」の場所共同幻想、祭りで出現する）。文化は、これらの総体から構成されているのです。あらゆる諸活動の基盤で働いています。

図1と図2は、考えていく上での、また実際に実行していく上での概念的な指針です。

簡単に示していますが、これを画定する上で、企業との研究ワークや実際の場所での協働ワークの経験を考察しながら構造化したものです。適用可能になっているといえます。理論的な考察は長くなるので割愛しますが、こうした資本の働きがあって物事が実現されたり実行されたりしているのです。個人は、また企業組織体は、必ずこれらを働かせているのです。

ただ注意してほしいのは、これらを一般化しないでください。一般化したとき〈資本〉の働きは抽象化されて、繋がり関係は分断されてしまいます。そうではなく、個々の「固有な場面」「固有な場所」において考えてください。

図2で、下に「自己」と「非自己」との関係が設定してありますが、〈わたし〉はある場所において、この自分の自分への自己技術をなすときに、この総体に関与して物事をなしているのです。組織体と個人スキルとしてその現れを参考に提示しておきました。

――商品経済においても、こうした諸資本が作用しているのですか、それとも作用しなくなっているのですか？

作用しているのに、見えなくなっている、考えられなくなっています。つまり、個人は何をしているのか、企業体は何をなしているのかが、自らへ向けてわからなくなっているだけでなく、転倒した事態になってしまっています。物象化が経済、制度、社会において構造化されている。

商品経済と資本経済とがどういう関係になっているかを説明しましょう。実際に働いている資本関係を出現させるためにも、商品経済への批判考察が必要です。

## 市場経済と商品流通の逆転：社会市場の転移と情報流の浸透

資本の市場は、〈場所〉です。場所環境です。商品経済市場は、実際は「社会市場」です。示したような多様な資本がまったく見えなくなっているのは、「社会」に〈資本〉の市場はないからです。資本が資財・資金としてしか出現できないように社会編制はなされます。（資本主義の終焉論はそこでしか考えられていない粗末な思考です。金融もスイスのプライベートバンクの実際を知らないのでは。）

「社会」は「商品」の市場です。商品経済市場は、経済範疇ではない市場を擬制経済化している。〈場所〉は、経済的なものだけの環境ではない。しかしながら、現在、場所は消費されるものへと成りさがっていますのも、社会空間が占拠してしまって、そこから脱しえていないためです。環境が流通の場に転じられてしまっています。また場所は、「地方」「地域」とみなされ、

「中央」と同じことをなす周辺、しかも中央よりも遅れたところだとされています。

「場所」についてはあとで述べますが。ここでは、「市場経済」と「資本主義」とは別物であることをまず理解してください。

資本とはすでに示したように、力です、そして関係です。固有のものですが、実体ではない。皆ちがう現れかたをします。そして、個々人は自らの「至高のもの」をもとめます。その至高なものも人それぞれで、一般化はできません。自分が領有できるものです。

「社会」は、ベストなものは自分に不在のもの、それを皆が憧れるものだと暗黙に設定しています。たとえばわたしは着物を着ていますが、西陣を至高のものとは思わない、結城紬がわたしには至高 supereme です、結城紬はもとは野良着です。一般的には技術的にも文化価値としても西陣はベストなものなのです。ですが、わたしにとって至高のものではない。個々人で〈至高のもの〉は違うことです、なのに高度な染織の西陣が一般に最高《ベスト》とされてしまう。ベストは所有欲望するもの、至高のものは欲動へ領有されるものです。

管理的な会社や組織体では、働く人は自分を押し殺して、命令・指令に従順に規則正しく従うことで、給与をもらいますが、自分の資本を押し殺していくことを日々強いられています。

企業は、同じ商品を再生産してその中で「差異化」をなすだけです。すると商品が資本から生産されているのを喪失していきます。* 商品とマネーとの交換再生産だけが経済だとされる。

資本配分が社会的に規制されていて、階層間でちがう現実を作っています。資本家階級とか労働者階級とか、また中間階級だとか、そういう社会階級なるものとして一般化される実際

* のみならず、商品から資本形成がなされると転倒する。

的なものはない、同じ階級内で違ってくるというのがブルデューでしたが、そうした社会規制もありますが、その規制のパワー関係を、つまり分類化体系を変えていくことのできる資本を、個々人が有しているのです。大学が学部や学科に分類化されていますが、自分の関与する物事において、それだけでは済まされないですね。音楽が上手な人もいれば、絵画が得意な人もいる、それが下手な人もいる。自分が持っているスキルや力能は、個々人で違います。まして大学の資格とは関係ない。「できる」だけではない、「できないこと」も自分には資本であるのです。

よく日本では企業で「創造的行為」がなされない、余計なことはするなと、特に大きな企業では言われてきたと思いますが、資本者を賃労働の社会的エージェントに転化することで、企業の階層的組織秩序（達成型）を守って維持してきたのです。それで社会的な生産性をあげることができたのは、社会総体に「欠如」がたくさんまだあったからです。商品が足らない、教育が足らない、医療が足らない、そこの場を市場へ構成してきた商品／サービスの「**欠如経済**」です。「欠如」とは scarcity です、lack/rare ではない。まだなされえていない「物／場」を見つけて、「ニーズ」だと転じていく経済の仕方です。

こうした経済理論は、一九八〇年代にいっせいに見直されました。そこから、ドラッカーのようなポスト資本主義論が九〇年代末に出現してきて*、「知識経済」だとされ、同時に情報技術がそこをおおっていきます。社会主義国家が崩壊し、市場経済へとシフトしていきます。社

* ドラッカー『ポスト資本主義』ダイヤモンド社

会主義国として統制経済をなしていても、実際は「市場経済化」がすすめられます。

## 市場の転換　情報市場の出現

日本だと楽天が稼働していくのが２０００年、ソフトバンクが社名をいろいろ変えながらソフトバンクとなったのは２００６年ですが、windowsは１９８５年に1.01を作るもヒットしたのはWindows 95の１９９５年ですし、appleは１９７６年に創業していますが、本格事業は２００７年からです。２０００年をはさんで、一挙に世界の市場が変容していきます。コンピュータ技術の問題ではないことは、IBMと比較してすぐわかると思いますが、「市場環境」を変容したことが最大の要点なのです。「情報」の市場を作りだしたのです。

情報インフラの電信経済はATTなど多国籍企業を含み*、政治に絡んだ複雑な経済の流れがありますが、windowsとappleは、個々人の末端を市場化したのです。そこに１９９８年に設立されたgoogleが２００４年に株式公開します。１９９５年にサービスを展開したamazonが宅配サービスを開始したのが２００６年です。これらも末端個人を市場化しています。ここに最低限の商品を普及する「社会市場」とは別次元が開かれたのです。「情報市場」です。

わずか十年で、市場様態は一変します。経済市場の大転換です。それを、既存の資本主義論のままで経済認識しているから、何をしているのかわからなくなっている。

* マテラルト『多国籍企業としての文化』日本ディタースクール出版部

これらに共通するサービス市場の対象は、徹底して末端の個々人です。量産商品も末端の個々人が消費することですが、消費者一般を設定したままです。同じ商品だからです。

しかし、情報技術の生活世界への波及は、消費行動が、店舗へ行くことから、商品や情報が個人へやってくることへと逆転しました。コンピュータ機器は同じですが、使い方は個々人違う。

卑近な例で言いますと、かつては顧客の不満やクレームは隠したり無視したりでしたが、今や前面に出て、企業活動改善のために耳をかたむけますね、問い合わせをするとこのやりとりは録音させてもらいますというのが多い。まだ押しつけがましいですが。作用は両義的ではありますが、末端の個人化された顧客をもう無視できない。顧客一般がなくなっています。顧客が対象として個人化され、同時に主体的に個人化をすすめる。

そして店舗市場は、百貨店やスーパーに対して、あちこちにあるコンビニとなっていきました。生活環境の個人化へ関与している。商品だけでなく、ATMや宅配などサービスもふくんでいく。

これらをどう見なすか、それぞれの論点があるでしょうが、わたしは商品流通のベクトルが逆転したと考えます。そして、商品は物体自体は変わりないですが、個々人がみて使う情報データ化にされたことで、アクセス方法が転じられたのです。消費者の個人主体化です。

さらに消費者が賢くなっていくのですが、消費者から個々の資本者へと変容していく「契機」をなしたと理論的に配置します。もともと資本者ですが、それが表に出なかっただけです。

ハッキリ言って、情報生成の観点からして情報技術はまだまだ未熟です。商品世界への依存のままのデータ依存ですが、流通は物流よりも情報流の光速度データが支配的になり、またコンピュータは形態は商品ですが、使い勝手は個々人でちがうという資本機能を働かせているのです。しかし、物流はなくなることはありえない、増大さえしています。

検索という未熟さのデータ情報でしかないですが、飛躍的な変容発展が速い速度で動いています。fast capitalism などと言われていますが、物事の移動や転換が非常に速い。そして、ワークスタイルが大きく変わってきているのですが、旧態の賃労働形式のままであるため阻害が起きているとわたしには見えます。でも、今度のパンデミックで、テレワークが開放されていきました。労働形態の激変です。医療受診も学校教育も。日本はあまりに遅れていますが。

変わらない本質的な事態がありますが、しかし明らかに二十一世紀になって、地盤が変容したのは確かです。これは、市場が震源地となって、商品主導から隠れていた資本が徐々に顕在化してきた兆候ですが、そこは考えられずに、商品経済市場の考えのまま現象面がとやかく指摘される。生産者を生産する教育形態は昔のままの偏差値学力の階層秩序的教育システムであり、資本忘却の商品・サービスの社会市場認識のままです、特に日本は、ひどい遅れですから、あっという間に追いぬかれていきました。産業社会経済様式のままだからです。

わたしが2003年に対話したマテラルトは情報交通は太古から何も変わっていない、大きな変化はなされていないとコミュニケーションの観点から考えますが、マニュエル・カステルたちは情報ギャラクシーとしての大転換をグーテンベルク以来だと機能的に強調しています*。

* Manuel Castells, *The Information Age*,vol.1,2,3 (Blackwell, 1996-8)
カステル『インターネットの銀河系：ネット時代のビジネスと社会』東信堂
Armand Mattelart, *L'invention de la communication* (La Découverte, 1994)
—— *Histoire l'utopie planétaire: de la cité prophértique à la société globale* (La Découverte,1999)

## 資本を喪失させる「社会」

とりあえず、簡略にまとめましょう。

商品経済は、本来からして資本によって生みだされて可能になった経済様式です。それは消費社会といわれる、何もかもが、商品を購入して商品を使って暮らす過剰な商品があふれる社会になってきた。しかし生産様式も分配様式もその本源は変わりない。

その商品経済市場が生活を覆っています。しかし、よく観察してみれば、自由市場のようでいて、生産はことごとく、社会規範・規則によって統御されています。食品の要素明示や賞味期限などは身近なものですが、商品はほっておくと何をしでかすかわからないので、様々なルールで規制されています。労働は規則従順になされること。規格＝ノルマは「社会」のマターです。

商品経済市場は、実際は「社会市場」なのです。経済とは別に、商品関係世界を社会現実とするために、社会の画一化／規範化／国家化をなし、社会の矛盾や葛藤を公正化の対象にしてそこにとりくんでいる自らの存在を正当化する根拠にして、社会の必要性／不可避性／自然性を永久化する「社会の物象化」を、制度物象化を媒介にして、商品物象化に重ねます。*

すると自分の資本をおし殺して労働力として自分を売り渡す、その労働者の権利が社会的に保証される制度が作られます。そこで守られているのですが、従順に従った報酬として給与と社会保障サービスをえられます。この秩序では、個々人が社会行動として画一した行動をとっ

*「物象化」とは、現実の関係が転倒した関係へと物化される様態で、それが人々に現実世界であると承認され受容される。アクセル・ホネット『物象化』法政大学出版局、廣松渉『物象化論の構図』岩波現代文庫。制度物象化、社会物象化は、山本『物象化論と資本パワー』EHESC出版局。マルクスの文献解釈だけでおさまる概念ではない、重要な批判概念です。

てくれないと、社会秩序の運営ができなくなります。つまり、個々の資本は、趣味の領域へ留めておけとされます。そして、社会生活では、個人固有としてでなく、与えられた任務をはたす「社会エージェント」として生活が保障されます。

君は会社員なのだからと、それを自分であることよりも優先させられ、家では「親」として振舞うこと、「夫」として賃労働し「妻」として「母」として家事労働すること。子どもは、何よりも「生徒」として真面目に従順に校則に従って学業し、偏差値能力を形成してより良い学校・大学へ行くこと。専門家は、「医者」として「教師」として「技術者」として、「経営者」として生活しなさいと、なっています。その社会的なタスクを果たさないと生存できなくなるのです。これは「制度化された資本」で、本来の自分自身の固有な資本ではなくなってしまう。労働疎外でなく、社会人の資本疎外です。社会エージェントは自分固有の資本の喪失者とされてしまうのです。

しかし、いかに賃労働者として資本喪失させられたところで、自分のスキルが生かされない限り働くことはできませんし、生産性は上がってはいかないのです。学歴は「制度化された文化資本」ですが、学歴などに関わりない自分固有の文化資本は、何らかの形で残滓し、かつ自覚なしに機能しているのです。学ぶ力は学歴と何の関係もないのに、制度従属した結果だと制度物象化されています。この疎外され転倒された様態と、可能な様態の双方を相互的に認識するにも、「資本」概念をもちこまないと現実で作用している物事を正鵠にキャッチできません。

——意識されている現状と実際に機能している現実とは違うということでしょうか？　自分が何をなしているのか知るには、批判考察を自分へしっかりせねばならないということですね。

労働という観点からでは経済は考えられなくなっているのですが、アダム・スミスをはじめとした古典派経済学以来、労働が類的な本質だとされてしまった。労働疎外を批判したマルクスでさえ労働価値説の労働を類的本質とする視座です。しかし生産手段を有していなくても、自分の力能を有している「資本者」なのです。視点を変えないと観ることができない。本質的な「自然疎外*」は労働ではなく〈資本〉の局面にある非分離関係です。商品経済が経済だと思いこまれていますから、商品の視座だけから経済を考えてしまう。それは経済のある一つの歴史現象でしかない。しかもそこに、無限発展、無限成長の観念がつきそいますから、永遠にそうだと思いこまれる物象化にある。さらに商品は魅惑的ですから、批判考察よりも日常生活では欲望を満たしてくれるものとして肯定的に見なされています。マーシャル・サーリンズは、生存に必要な労働時間は四時間ぐらいだと人類学的に示しましたが*、なさねばならないことも、また自然への働きかけも、資本としてなしているんだとポジティブに考え直すことです。

いろんな資本の形態がありますから、わたしが示したように的確に分節化していかないと見誤ります。その上で、ネガティブなものをクリティカルに考え直していくことです。

わたしでさえ、学生のときに、大学で、資本主義は悪だ、資本は悪だと教えられてしまった。それが大学知性の常識になっていた。マルクスを読んで、さらにそれを深めたと思いこんでいました。企業人でさえ、そういう教養に多分になっているのではないでしょうか。自分がなし

* 吉本隆明『カール・マルクス』光文社文庫、は経済疎外より自然疎外を重視。
サーリンズ『石器時代の経済学』法政大学出版局

ていることを、正鵠にキャッチしていないままでいるということです。「権力」概念を否定でなく可能なことをなす「パワー」から見直したフーコーの考えも取りこんでいます。物事はしかし、すべてプラスでは物的に作用しない、マイナス作用も派生します。そこを見落としてはなりません。ですから、批判考察は物事をクリアにしていくうえでとても大事なことです。すべてが資本、しかし資本万歳とはならない。産業的な思考に固まった人には、費用はどれくらいかかるのだという思惑が、真面目な善意とともに発動されて、「できない」不可能さへ結論づけられる傾向にあります。産業的な社会空間で、それは規則性において保障されますが、経済ではない規則化の次元のことでしかない。しかし、存在は一つの関係的な属性であって、実体ではない、資本は関係なのです。依存関係ではない、自律した互酬的な相互関係です。

賃労働という形態は、こうしたことを売買契約関係に転じているもので、相互の無責任関係を依存的・従属的に構造化します。労働の疎外ではない、個人は賃金に依存して賃労働している方が楽だからです。ただ労働力を与えられた業務に従属させているだけで、他のやっかいな経済関係は何も考える必要がないからです。雇う側は、いつでも労働力が必要なくなれば捨てます。こうした効率的な関係になっているので、産業社会ではかえって拡張できました。特にまだ欠如がたくさんある発展途上では簡便な仕方だったからです。マネジメントもほとんど必要ない、労務管理を滞りなくやっていればすんだ日本でした。

# 2「産業〈社会〉経済」の観点から
## 商品の現経済を考えなおす

商品経済は不可避に物象化へ転倒してしまう。

規範化社会がそれを覆う。

本来の経済活動がなされなくなる。

商品生産を可能にしている〈資本経済〉から経済そのものを見直すこと。

金銭関係だけが経済ではない。

クリティカルな思考を働かせて、可能条件を探しだすこと。

## 「資本主義」なる概念は考えをあやまつ

——現在の経済を一般に「資本主義」とか「商品経済」とかでくくって考えていますが、その暗黙知に、考えられえていない実際的に動いているものが随分とあると思われます。

通常「資本主義」とされているもの、さらに「産業主義」、「自由経済」、「産業社会」「消費社会」「情報社会」などいろんなくくりがあります。経済概念だけでなく「社会」概念もとりこまれています。それを、そぎ落として経済だけを純粋化して考察しようとしたのが近代学問の傾向です。それは逆です。統括概念自体を転移せねばならない。誤認を生みだしていくだけだからです。

たとえばたいへん大事な提起をしている「里山資本主義」、さらには「資本主義は終焉だ」と指摘するものなど*、批判する側も同じ土俵でなしています。ともにある意味、問題を指摘していますが的を外しています。なぜなら「資本主義」という実際現実はないからです。概念としてはあるが擬似的な概念です。そして、大切な実際の事態をそれは見落とします。

マルクスでさえ、「資本主義」なる概念は数度しか使っていない、正確には「資本家的生産様式」への批判考察であることは、1970年ごろに「ウル・マルクス」研究で指摘されていたことです。「資本」概念が、あいまいなままです。しかも資本主義は自身の真正な原理をもっていない。「商品経済」と〈資本経済〉という対比を、わたしは問題をクリアにするために設定しまし

* 藻谷浩介『里山資本主義』角川新書 2013
水野和夫『資本主義の終焉と歴史の危機』集英社新書 2014

たが、これらの違いをしっかり識別せねばなりません。混在しています。〈クリティカルな規準〉をどう設定するかで考え方が変わってしまうのです。

まず、「産業的なもの the industrial」とはなんであるのかです。「産業〈社会〉経済」とわたしは統括概念化していますが、「産業社会」「産業経済」、そして資本主義、商品経済、サービス経済、さらには消費社会、物質文明というような物事がそこに絡んで、それらの実際の性質をくった考え方です。さらにそこに、世界の大転換が歴史規定的に絡みます。とくに、情報技術の〈社会〉世界の登場です。時代の歴史的変化とある本質的な規定ですが、変わっていくものとそれでも変わらぬものが配置されています。複雑にいろんな物事が連動していますので、既存の慣性と経験だけの考えでは、恣意的に都合のいいように解釈されていくだけになります。

わたしは、「資本主義」という概念・用語を使いません、理論上も実際上も意味がないからです。代わりに、「産業〈社会〉経済」として今ある現実そのものを概念化します。

産業社会とは、産業経済における機械生産による商品の量産様式とその商品を使った生活が社会体制を構成します。それは賃労働体系を基本にして、その賃労働者が社会エージェントとして主体化されて生存できる仕組みと場が、規範化されている社会（空間）として均一・均質に組み立てられます。産業社会は、工業生産の産業的商品経済を主軸にして、それに見合う産業サービス制度（学校や病院や輸送など）が同時に作用し、第一次産業の産物をも含みすべてを商品化している、「商品生産と制度生産」との両輪で構成される世界です。

それは「生産物を生産する」仕組みと「生産者を生産する」仕組みがセットになっていることです。つまり商品生産経済と社会サービス制度とが共存的に構造化される。後者は、教育サービス、医療サービス、輸送サービスが大きな三つのパラダイムですが、これらが「公共」的に構成され、商品販売の方もサービスが付加され、消費社会化が進んでいくにしたがって、サービス産業が実際に大きな領域を占め始めます。産業社会が管理社会になるなどは効果であって、本質ではありませんし、新自由主義も政治経済学的な一つのあり方であって本質ではない。

自分の暮らし・生活がどうなっているかを基盤にして考えることです。

## 産業〈社会〉経済と産業的生産様式

ここで大事なポイントが二つある。

第一は、言われている資本主義社会であれ社会主義社会であれ、〈同じもの〉、それは産業的なものを生産や生活に編制する「産業的生産様式」を競い合った同質の「社会」であるということです。つまり、均一・均質の「社会空間」を民族国家 nation-state が統治している構造になります。国民《ナショナル》市場が経済としてその下に配置され、かつ学校・医療・交通の社会サービス制度がその下に共通に配置されます。これが、とくに第二次世界大戦後に強固に構造化された世界システムです(すでに先進国にあったものが後発国へ拡張)。経済次元よりも強固に構成されたものです。

したがって第二に、産業的生産様式は、「社会サービス制度」を基軸に構成されますが、それは企業・工場の商品量産経済を下部＝土台に有しながら、その労働する人たちの生活を社会サービスによって保障していくのですが、それを成り立たしめているロジックは商品構造と同じであるということです。「触知できる商品」か「触知できない商品」かの違いがあるだけで、教育商品、医療商品、速度商品が、物体商品と同じロジック形式で作られていることです。

そして、両者を生産しているのが「賃労働様式」で、生産物労働しているかサービス労働しているかの違いが同じ賃労働としてなされます。教師、医師、運転士は給与をもらうサービス賃労働です。商品経済とサービス制度経済とがセットになっている、そのセットなしに「社会」は成り立ちません。商品・サービスを生産／供する「生産者」なしにありえないのですから。

しかし、そこにさらに第三に、隠れている支払われない「シャドウ・ワーク」としてあることが本質的な次元になります。それはサービス労働がなす対象です、生徒、患者、通学者・通勤者のワークです。ワークしているのですが、逆に支払っています。さらに、このシャドウ・ワークの究極形態が支払われていない〈家事労働〉です*。社会労働として非常に広範囲です。

整理しましょう。

* イリイチ『シャドウ・ワーク』岩波現代選書
山本哲士『消費のメタファー：男と女の政治経済学批判』冬樹社

物体商品とサービス商品の「商品形態」次元がまずある。

それを生産する工場・会社労働と制度サービス労働の「労働形態」の次元がある。

それを消費する「消費ワーク」と「シャドウ・ワーク」がその根源にあるということです。

現在、社会的な労働は、この三つの様態でくくれます。つまり、人々の社会生活はこの三つから成り立っているのです。これを捨象して「生産物の生産」局面だけで経済を考えることは、経済そのものの現実を見誤っていることでしかない。「生産諸関係の再生産」なくして経済はなりたたない。それは国家的装置だけではない、社会装置の配備を不可欠にします。

この生産様態=生活様態が〈産業的生産様式〉です。形態は、企業や工場、学校や病院や交通機関、そして家庭です。さらに、これらを管轄する役所・官庁の官僚機構です。

産業的な意識では、企業や工場だけが生産する場だと思われています。しかし、それよりも、学校や病院や輸送機関の方が社会的労働の生産の場なのです。「生産者の生産と再生産」なくして商品生産は可能になりません。レストランやカフェ、コンビニ、レジャー、エンターテイメント、スポーツなどの「消費」の領域でさえ、「サービス生産」の場です。すると、「家庭」というのもただ消費している場ではない、生産しているということです。消費的生産です。生産物=商品さらにマネーからだけの分析は、現在社会を把捉できていない経済主義思考です。

しかし、商品価値形式は本質的に同質であるのです。女性の家事労働は膨大なものです。

## 「社会」を生産する経済

「社会」は、賃労働とサービス労働とシャドウ・ワークとからなる「社会労働」で支えられているということです。これがわたしの言う歴史的特徴を有した物質文明としての〈産業社会経済〉です。社会を作り維持していく(社会を生産する)経済様式であるということです。「社会」を作る経済活動になっているのです。生産物＝商品も、それを使う「社会」生活を市場的に作っています。低開発であった国の実情を見ればわかりますが、「社会」が市場的に形成されないと商品関係交通は機能しないのです。村で困っている人と知り合いですから、お金をもらわずに貸してあげる、あるいはあげてしまう、でないと「冷酷な」人間になってしまう。アジア的段階の共同体では、別の原理が働いている。信頼や思いやりや相互扶助の方が、金銭利益よりも大事なのです。「社会」は近代で形成された。古代・中世に「社会」はない！

「社会」概念のあいまいさについては後で述べますが、「社会」は冷たい人間関係の場です。この社会を自然秩序であると作りだしているメカニズムをはっきり歴史的にクリティカルにつかまねばなりません。経済学や社会学だけでは、現在世界を把捉できない。政治哲学や人類学、さらに社会史研究や精神分析理論などを総動員せねば現在を把捉できないのです。ブローデルは物質文明において資本主義と市場経済とを区別しましたし*、資本蓄積は富の集積ではないし、「**社会」は経済蓄積をしません、規範化を維持するだけ**です。

* フェルナン・ブローデル『物質文明・経済・資本主義』みすず書房

この産業社会がより高度化していきますと「消費（者）社会」が派生形成されていきます。過剰な商品とどこでもサービスがなされることとの「欲望の社会」の出現です。必要なものの「欲求」に止まらずに、「欲望」に応えていく社会生産が経済的になされます。社会が市場になっていくのですが、本来からして社会づくりなしの経済はありえない歴史段階であったのです。

「資本主義」なる概念は一番曖昧だと思いますが、それは所詮、金融を土台にした、実際的には工業化の産業商品経済でしかない。経済学が恣意的に概念化した言表で、社会概念にまで拡張されている。理論的に非常に粗雑です。「所有権の個人化、財・労働・土地・資本の市場商品化、価値メカニズムと競争、投資・資本・利潤、権力所有者と従属する無産労働者、資本・労働間の緊張、不平等の拡大、工場制と生産の工業化」などが資本主義として説かれた*。

わたしは〈~主義〉という用語が大嫌いですが、理論概念空間がどこにもないからです。理論効果が現実を示していると思われています。すると資本主義は「資本」を見失っていますし、平和主義は「平和」を見失っていますし、道徳主義は「道徳」を見失っているなど、対象それ自体を喪失していきます。すべて、〈産業的なもの the industrial〉がなせるワザです。

産業的なものは巧妙ですが未熟です。巧妙だというのは、自分個人に利益があるかのように構成しているからです。事実、産業的な利益を人々は受けとることができます。その利益は損害よりも大きいゆえ、人々は従い受け入れます。しかし、それが現在揺らぎ始めている。なぜ

* ユルゲン・コッカ『資本主義の歴史』人文書院

なら、目的に反する結果、〈**逆生産**〉を大きく出現させているためです。売れても儲からない、という利潤率逓減が生まれています。預金金利はゼロどころか手数料を取られます。実際は、高度成長期を乗り切っていく時にすでに分水嶺で起き始めているのですが、理論的に明らかにされたのが一九七〇年代で、それなりにしっかりと理論構成されえたのが一九九〇年代末です。

基本として次のようにまとめられます

❶資本主義も社会主義も〈産業的生産様式〉である。それは「商品経済＋制度経済」である

❷資本主義は、商品の「産業〈社会〉経済」として機能している。それは「社会」づくりの社会市場として社会エージェントの生存場として機能する。（資本主義と市場経済とは異なる。）

❸産業社会の究極は「消費者社会」である。ショッピングや欲望や快適・便利生活などの消費者行動が主要な位置を占める。

❹商品の基盤には「物質文化 material culture」がある。使用価値・有用化価値は〈もの〉の文化環境次元にある。

❺これらの世界には、〈資本〉概念が不在になっている。

❻「商品経済」と「資本経済」は原理が異なる。

❼「資本経済」は資本者の文化資本による多元的な場所市場の物質文化／環境の経済である。

これを説いていきましょう。

つまり、暗黙にマルクスではないマルクス主義者の概念空間に占拠されてしまっている、「資本」「資本主義」は「悪である」という固定観念です。シュムペーターの資本主義でさえ、社会主義と対比されたものでしかない*。「資本主義」として考えていると、実際企業活動においても批判考察においても、暗黙知が理論効果として、誤認を作用させるだけになっていくのです。資本主義は自らの真正原理をもっていない、終焉などしない、そんなものはないのですから。

## 「資本／ホスピタリティ／パブリック」と「商品／サービス／ソーシャル」

わたしは、スイスに長きにわたって一年の約半分生活していたこともあって、その経験からホスピタリティをサービスとはっきり理論的に原理が違うと識別して明示しましたが、これは世界の誰も示しえていなかったことです。イリイチの産業サービス制度批判を、ただ驚きの自覚を促す批判にとどめておかずに、理論的に明証しえていたからなしえたことです**。

スイスに暮らしていなければ見つけられなかったのが、資本と商品の違い、そしてホスピタリティとサービスとの違い、さらに「社会的なもの the social」と「パブリックなもの the public」との違いです。異なる原理が、対抗的に存在していることの発見です。

**〈資本経済〉は、ホスピタリティ技術によってなされる、場所を市場にしたパブリックな営**

* シュムペーター『資本主義・社会主義・民主主義』東洋経済新報社
『経済発展の理論』岩波文庫

** 山本哲士『イバン・イリイチ：文明を超える希望の思想』EHESC 出版局

みと言えます。かつ、客観的な物質科学の科学技術ではなく、述語的な生命科学の技術です。

ジュネーブで世界理論総体を六年かかって総括したのが*、2006年でした。ちょうど、ジュネーブ自体も激変しているときでした。どんどん悪くなっていくのです。それは、健全に機能していた「資本」の喪失、そして「場所のパブリックなものの」消失です。代わりに「社会」規範が前面に出てきます。逆にそれゆえ、何が本質的に大事であるのかが見えてきた。

ジュネーブとパリとロンドンの間を行き来しながら、その日常世界の構成の違いを体感し、ウクライナの急激な消費化やエジプトの危険さの増大など、世界の動きを現場で肌で感じながら、ジュネーブ拠点で変化を感じかつ観察しながら、同時に理論化を深めることができました。

わたしは、ただ理論を抽象的に振り回していません、常に足場の現実を正鵠に把握するものとして探究考察しています。actor ではなく pratiques（実際行為）の世界を対象化している。ですので、日本の大学アカデミズムとはまったく知の体系が異なりますが、世界線では少しもずれていません、世界の知の常識的世界です。やっと近頃若い人たちが世界線の考察を領有し始めていますが、あまりに日本の知は一九七〇年代から滞留してしまっています。近代知の大学知性次元にとどまったままの「知の資本」喪失が起きています。政治家だけでない学者がです。

ホスピタリティは一対一の相互関係で多元的ですが、サービスは一対多数、ないし多数・対・多数の一元的な関係です。前者は客を見ますが、後者は個々の客を見ない、顧客一般です。

* 山本哲士『哲学の政治 政治の哲学』EHESC出版局

パブリックはプライベートなものを活かすあり方ですが、ソーシャルなものはプライベートさを公の場では働かせないようにしてプライバシーへ押しこめているものです。

資本の作用、商品の作用、その経済システムは、それらと無縁ではありません。

## 資本主義と資本経済

資本主義としての暗黙の思い込みから脱しないと「資本経済」を捉えることができません。

「資本主義」ですが、これは経済概念にとどまらないイデオロギー的なものです。社会主義への対抗概念として政治経済的に設定されていたことから、市場経済の「自由か統制か」に配置されて、形式上の最小限の定義では、「平和的手段による、資本の無際限な蓄積という要求」を強調することになり、利潤を産み出す目的で、経済資本をたえず経済循環の中に投じて、資本を増殖させるべく物質的な極大利益を最大効率で生みだすシステム、と言われている。

大学での一般的な教養の「大学知」で、いろんな物事が恣意的に組みこまれて、実は、理論概念的に間違いだらけになったまま、企業活動でもこの用語は使わずとも、思いこまれてしまっている擬似概念です。イデオロギー的な政治用語と別ごとである〈市場経済〉の性格とが結びつけられて、さらに「商品」生産する経済と商品を消費する社会生活とが一色担にされますから客観的であるかのように思いこまれて、ただ理論効果をイデオロギー的に働かす概念空間になっています。ヴェーバーが示したように「資本主義の精神」*という心的なものが見落とされてさえいます。新自由主義としての思考もそこから出ていない。

これを見直すには、商品論だけではない、流通と分配、再分配の総体的な「再生産様式」を把握すること、そしてそこにおいて資本が姿を変える「利潤、賃金、地代」の三位一体で制度化変容も加味して見直すこと、さらに「社会の実定性」を問い返すこと、この三つが少なくとも基礎的に要されます。「商品・労働集中社会」とされてきたものの見直しです。

資本主義は資本家が得して労働者が搾取されている経済だとされ、それが社会概念まで拡張されて、民衆を支配する「資本主義社会」という民族国家が採用している世界だとされてしまう。ところが、どこにも、わたしが資本体系で示したような「資本」が存在していないかのようにされてしまっているのです。それどころか、お金でお金を儲けることに、労働者までもが株を買って「利子産み資本」に囲い込まれている世界です。つまり、虚構経済をなしているのです。利益がいったいどこから生まれているのかもわからなくなっているものです。

「資本」総体から考えなおさないと、経済現実をつかむことはできない。

――「資本」概念の拡張ですか？

* ヴェーバー『プロテスタンティズムの倫理と資本主義の精神』岩波文庫
羽入辰郎『マックス・ヴェーバーの犯罪：『倫理』論文における資料操作の詐術と「知的誠実性」の崩壊』ミネルヴァ書房

いえ違います。「資本」概念の深化です。マルクスがわからない、難しいと言ったことの明証化です。文献解釈も大事ですが、現在の具体現実を対象化することに役立ってこそです。

普遍化すべき概念は「労働」でも「社会」でも「商品」でもない、「資本」それ自体です。資本は自然疎外に配置されますから、本質概念であり、その編制の仕方の歴史的・時代的表象が変じていくだけです。非常に有効な概念であり、かつ実際＝pratique です。

それはよそごとの客観化ではない、自分の立場からの対象化です。〈わたし〉の自律性は〈資本〉なのです。お金がなくとも〈資本〉を領有しえています。自分の資本アクションを働かせないと、ただ労働アクト (actes) をなすだけになってしまいます。若い経営者たちの会社は社員の資本アクションを生かしています。ただ、そこに概念がないだけです。


――「資本」は経済概念ではないということですね。


というより、経済概念を的確に把捉する概念です。フーコーは、パワー理論が生産概念に還元されてしまっていると、そこから切り離しましたが、経済をパワー関係から見直すことがつぎのステップで要されます。精神や心性までもふくんで文化／環境から再考することです。

企業の方々と接していちばん驚いたことは、経済概念を適切に有している方がほとんどいないという実際でした。ほとんど暗黙のマルクスならざるマルクス主義的な大卒知が教養のままで、しかしながら、価値形式の商品関係さえ理解していない、ましてや利益の意味への誤認だらけです。利益を生んでいる〈剰余価値〉の概念など全くないです。利益と利潤率との違いも認識されていない。「お金儲け」「売り上げ」は〈Profit〉ではありません。それは、〈cost〉の足し算引き算ですし、貪欲の情念にある概念です。家計簿が社会技術化された統治性にあるだけの国家予算構成がそれですから、企業収支もそうなっているにしても、自分がなしている経済自体をあまりに知っていない。大学の経営学など、ほとんど実際世界を把握していない。自分の大学経営に対する大学教師たちの思考は、与えられた予算消化でしかない。賃労働者なのに自分で自分の場所を経済していない経営学者が、経済経営を論じているのですからひどい状態です。ほとんどが、資本マネジメントしていないのです。これは日本経済の危機を招いている非常事態だとさえ言えると思います。〈資本〉概念の不在がその典型になります。売り買いの商人経済の収支計算から出ていない。経済学者たちの数式計算がありますが、高度な数学によって理論抽象化しているだけで、実際経済を見ていない。それも資本不在だからです。

——「資本」と企業との関係をもう少し説明してください。

「資本の理論」は誰しもが実際行為（プラチック）している次元から考えるべきことです。ある人が会社を起こしたいとする、そのとき何をする会社・企業なのか、デザインするのか出版するのか、何か商品を作るのか、コンサルするのか、いろいろあるわけですが、それをなしえる「スキル」「力能」があって、かつ夢なり意欲なり「意志」があるからです。資金はそのあとのツールです。元手の資本は、〈意志〉です。文化資本としてより高度のものをもっていればよりうまくいくはずですが、マネジメントを知らないと生かされません、マネジメント力も文化資本の一つです。そこにお金と人材、スタッフを集める、つまりプロデューシングする。そして会社を運営管理する、つまりアドミニストレーションです。さらにいろんな配置をする、これをエディティングとわたしは広義で称しますが、構成することです。そして言うまでもないクリエーションがなされることです。これが文化資本の五つの様態になります。資金はその部分でしかない。給与就職しているだけだから、かかる素朴な初源次元すら忘却されてしまいます。すべてがマネーであるかのような経済は、経済ではない。ただの商品〈金銭主義〉です。

——でも資金がないと会社は作れないのでは？

いいえ、任意団体でプロジェクト的に作れます。資金はその意義・意味が価値づいてくれれば動きます。ところが自分で事業を立ち上げるのではなく、「賃労働」者として既存組織に雇用されることしか考えていない人がほとんどになっていますから、自分の能力を労働力として売ることにしかならないため、資本を領有しているのに、自覚には喪失されてしまっています。

大企業が規準になってしまっているのです。大企業は一朝一夕ではつくれませんから、不可能だとされてしまう。しかし、大企業だけが経済企業ではない、大企業は「社会企業」です。社会運営しなければならないから膨大な数の社員とコストを必要とします。日本の圧倒的に多くの会社は中小企業です、ファミリー・ビジネスです、そのほうが実際に資本経済している。

マネジメント論においてよく「トップと同じように考えること」と近年では特に強調されていますが、自分を含め企業活動を可能にしている資本を働かせるということです。トップに忠誠従属している会社は元気がなくなり衰退します。

そのとき、この企業人は、何を偉大だと思っているのか、そこに経済ブロック的なものが構成されているとボルタンスキーは六つの様態（シテ cité）に括りましたが（そのあとでプロジェクト型を加えて七つの「シテ」）、いわゆる生産様式の経済主義的概念を転移したのです。

わたしは、それを種別的資本であるとしますが、そこでさらに苦悩したり、愛したりする「情緒資本」も必ず働いています。愛する我が子のために働くというのはとても大きな資本です。経営上の、人間関係の悩み、苦悩も資本です、それを克服していくことで活動されます。

そのとき、いろいろな課題に直面するわけで、それを克服していくには「知的資本」が要されます。世間を見ていると、特に優れた若い経営者は「情緒資本」の「想い」だけでやっている、知的資本が低いです。一方出来上がっている会社は、「社会関係資本」がほとんど中心で、文化資本が企業を成功させてきたことを忘却しています。そして「組織資本」が規則化において優先されていますから膠着していく。規範運営が経営だと誤認している。

経済資本だけで動いている会社・企業などは絶対にありえない。なのに、商品ないし商品に関することで儲ける（儲けは「利益」ではない）ための会社だとなっている。

社員の文化資本を働かせている会社は元気です、それが働いていない会社は暗い。

そして会社・企業は消費者・顧客から「信頼」「信用」をえていかねばならない、それが「象徴資本」です。ここを、ロゴだとかCIだとかで記号や御託にしているだけで、資本化として自覚している企業がほとんどないようにみうけられます。

それぞれの資本概念を理論的に述べますと長くなりますので、現象的に説明したにすぎませんが、経験慣習だけに従っていればこれまで済ませたのでしょうが、もうそれでは機能しない。なぜなら、市場の現実諸関係が大きく変貌しているからです。

市場は震源地です。「社会市場」は実は、〈資本〉を喪失させて組織〈社会〉主義へ組み立てている統治技術の仕方になっています。ですから、利益の社会的分配が平均年収４４０万円ぐらいで成り立っている。賃上げ要求をいっせいにやるのは社会分配を決めているのです。

欧米のマネジメント論はその膠着した達成型の企業組織状態からの脱却を追究しています。他律型の経営にしかなっていない状態からの脱出です。

――商品生産しているとなぜ資本喪失になっていくのでしょう?

商品そしてサービスは、対象が量です、買ってくれる多数者です。でないと、採算が合わない。赤字になれば潰れるのは当たり前で、だからそこが逆転して儲けねばとなってしまうのですが、「利益はうんちだ」と年輪経営の著者は言いましたが*、妙をえた比喩だと思います。ウンチが出なければ病気になり窒息死してしまう、過剰だと下痢を起こす。適度のウンチが健全です。

でも適切なこの比喩は何事も論じえていないのです。利益を目的化することでは利益は出ないと欧米のマネジメント論は強調しています。利益は社員の活動、つまり〈資本〉アクションからしか生まれないのです。社員が賃労働のあたえられた組織活動しているだけでは、利益はある限界以上に産出されません。社員の力能である資本が生かされていないからです。利益は働く人から生まれるものであって、商品交換の差額から生まれるものではない。

商品生産は、労働生産物が自分に関わりないものに多分になっていくから、組織統括するだけに収束していきます。経済活動において物質的な最高状態を至上目標にして追究すると、資本喪失が不可避に起きます。経済が成立している諸条件を切り捨てていくからです。合理化を効率化に転じたのがその最たるものでしたが、人は複合体です。それを賃労働として経済活動できる「社会エージェント」に仕立て上げ、指令系統に従順な主体に育成する。自分ではな

* 塚越覚『年輪経営』光文社 2014

い状態で労働力を働かせる、その「他律様態」を構造化するからです。自分の資本を捨てろとされているのですから、いずれ退化するのは必然です。「せねばならないこと」はありますが、その効率が最大化されてしまう、最小化にしておかねばならないのに。

商品開発を社員参画でなしている会社は元気だと思います。資本が生かされているからです。商品もサービスも、「いつでもどこでも誰にでも」を「より安くより多く」の関係技術原理から成り立っています。これは物が欠如しているから可能であったことです。無い物を作っていくのですから、それは最初は資本作用でした。なのに、「売れる物を作れ」となっていって、資本喪失が埋めこまれていきます。資本に気づかない、指摘されても自覚さえできなくなっていると思います。商品が大手を振って歩き、資本が影に隠れる。顧客ニーズに従ってとされますが、ニーズは多様化していくし、生産側の都合でしかニーズはキャッチされていない。

これでは立ち行かないと現在、顧客目線での物事がなされていますが、驚くほど資本喪失の商品としてなされます。着物が買われなくなりレンタルになって衰退を深めましたが、今、自動車がレンタルになっている、衰退するしかない兆候だとわかられているように思えない。わたしが提起した「場所カー」しか道がないのに気づいていない。どこでも同じ車を作っていることでは資本が作用しないことを忘却している。すると「そんな流暢なことを言ってられないんだ、明日車を売らねばならないんだ」と強調される。「だって、売れないんでしょ?!」という「売れないこと」自体に気づいていない、その根拠をみようとしない物象化にハマっています。

商品だけが経済活動の頭にあるのです。最初から商品だけなのです、物・事が「移動する」こと、そこに資本の作用、開発の条件と場／市場があるのですが、すっ飛んでしまっています。

これはなかなか理解しえないところだと思いますが、商品の究極の目標は資本の視座から考えるとどこにあると思います？ それはその商品がなくなることが最適であるということです。テレビはいらない、しかし映像が見れること、冷蔵庫はいらないしかし食品が腐らないことなのです。いまだに家の空間を占拠している家電はほんとに邪魔です。

なら食品も衣服も住居もいらないのか？ と反駁されるでしょう、それは「物質文化」ですから物質文化として必要なのです*、ですから商品として作ることではなく、「物質として」作るべきことになります。使用価値、有用化価値としての生活の「物」です。

そうしますと、商品というのは最大限安くなるか最大限高級になるかです。これはもう起きている現象です。そこは資本から考えていかないと、いかなる商品を作るかは決まらないのです。なのに目前の既存の商品を差異化してどう売れるようにしようかとほとんどがやっている。

商品世界は皆同じ、資本世界は個々すべて違う。つまり原理がまったく違うのです。商品の魅惑は、資本から創出されることであって、商品から商品へと差別化・交換価値化されていくのではない、それはただの物象化生産です**。電気自動車もただ電動クルマです、同じ商品です。

* Daniel Miller, *Material Culture and Mass Consumption* (Blackwell, 1987)
** 山本哲士『物象化論と資本パワー』EHESC出版局 2012

──資本を肯定的に見ていく、資本を多様に働かせることだ、ということですが、資本主義への批判とどう関係しますか？

マルクスだけが資本主義を批判したわけではないですが、ボルタンスキーが明示しているように、資本主義は自らの真正原理を有していないから、資本主義批判を自らに取りくんで、自らがもちえていない「正当化」を外から正義づけてきて、人々に刺激を与えるものになっている。その「創造的破壊」とシュンペーターが言ったことにおいて、今、産業社会経済に構造化されたことで、また社会主義も崩壊し市場社会を組みこんだりして、批判考察自体が弱体化しています。すると社会的正義の諸装置の強化の要請を逃れるべく、「何事もわからないまま」の状態で、解読されるのを宙吊りにして保持しているのが「今」です。しかしこれは、当事者たちが自分が何をしているのか分からなくなるだけではない、利潤が出ない状態で利潤を追求するという過酷さと不安へ追いこんでいるだけになります。


資本主義は、事物、人間、感情において生活様式を幻滅させる非真正的なものだ。

資本主義は、人間存在の自由、自律性、創造性を「抑圧」する非人格的なものだ。

資本主義は、貧困と不平等・格差を生み出す。

資本主義は、機会主義と利己主義の源泉で、個人利益だけが促進される。

こうした批判は、それぞれバラバラで、とても資本主義自体の批判を取りこんでの自己正当化の歴史過程に対応できていませんし、社会主義に対しても同じ批判が可能です。

批判論理は批判するだけでとどまり、大学教師は的外れの分析をするだけで止まってしまう。批判は可能条件を引き出すためになされるべきことで、批判なしの可能条件の開示も意味ないです。「終焉」と脅して、理論効果の倫理が採用されて正当化されるだけの思考です。環境問題を取りこんで同じままの資本主義=悪の論理で、社会主義やコミュニズムをまたとりだす。

擬似客観的な「資本主義」に囚われないで、実際の商品生産の「産業〈社会〉経済」の限界をクリティカルに自分の足元において明証化し、〈資本経済〉を可能条件において考え実行していくことです。そのための知的資本を領有していくことです。

## 商品経済の特徴

――商品経済の特徴を、もっとはっきりと述べていただけますか?


今まで述べてきたことをまとめ直しましょう。

まず、産業的生産様式に商品経済は社会配置されていることが基本です。これを、原料・素材をもって「物」を作り、その物を量産して商品化する、というのはただ分離された現象です。

「産業的なもの」の特徴は、「他律様式」優位でした、商品は他律的に作られ、他律的に使用されるものだということです。なるべく自律性が働かないように効果することが商品です。その代わり、商品へのアクセスが開かれていることです、「アクセスへの自由」です。ジャック・ドンズロは自由の使用価値が低減して自由の交換価値がその分増大する、と言っています*。

そして、商品は欲望を満たしてくれるように作用するものです。欲求不満が嵩じれば嵩じるほど商品が求められます。その効果は、楽しさを与えてくれますが、満足には限界がない、満たされえない限界ばかりがつのってくる。欲望生産の商品物象化の効果です。

そして、便利であることです。本当は不便が増大していくのですが、不便よりも便利さの方が見かけで優越していますから、求められ作られ続けます。利便化された合理性の物象化です。

さらに商品は差別化、差異化され続けます。それが無限であるかのように思いこまれていきます。しかし、場所を設定してみれば住民人口より多くのものは基本的に買われないのです。だから、消耗回転させて買い換えさせて、さらに記号差異化していくほかなくなります。

これらが商品経済の基本です。商品は現在では生活様式になっていますから、この物象化の発展形態の基本から考えていくことです。物象化は人を魅了しととらえます。

そして、商品は「社会」市場へ配分されます。これが歴史的な本質です。最低限のものをよりやすくより多く、公平にアクセスできるように開かれています。「社会なるもの」は商品とサービスによって充満されることです。するとそこから、様々な効果が派生します。生活水準は商

*ドンズロ『社会的なものの発明』インスクリプト

品によって改善されていきます。すると商品機能によって、生活が営まれることになります。

そのことで、政治的に何が起きていくかというと、個人の主権が消費物に転じられる、これをドンズロは「基本的主権と引き換えに、価格付きの安全を得る」と指摘しています。そして、生き生きとした特異性は時代遅れの非合理性の遺物だとされてしまうのです。

科学テクノロジーの産物ではない「もの」が、生活から排斥されていきます。「日々の生の放棄」がなされているのですが、それを感じさせないほどに商品の誘惑は攻勢を働きかけます。

しかし、生活はもう商品で充満されていますから、商品は必然に売れなくなっていきます。と同時に、生活が追いつかない、はるかに先をいく商品が情報技術で作られる。アンバランスが、商品世界で起きていて、それが同時に非商品の感覚を少しづつ人々に回復させてもいくのです。もう欠如ではない、「過剰な」商品群です。秩序維持の均一化の社会物象化とセットになります。

商品経済の成立根拠は「欠如性」でした、しかし商品「過剰」になってしまった。そこで放棄されていた現在感覚や感性が、目覚め始める、それが「今」です。

加えて、商品は最初買った時が一番良くて、あとはゴミになるだけです。環境問題がそこに絡むのはいうまでもありません。それは別の課題ゆえ省きますが、ただライフスタイルが商品の購入においてあったことから、環境への態度へとシフトしていることだけ指摘しておきます。

わたしは、商品批判にはあまり意味があるとは思いませんが、商品世界が派生させている物事にはしっかりした批判の自覚を持つ必要が、消費者側だけではない、企業側においても要されると考えます。でないと、商品経済の行き着いた壁、その限界を突破していくことができないからです。商品は欲望に応えていきますから、常に魅惑的でありかつ誘惑的です。いま、携帯電話においてそれが特化されています。一義的仕様ではない、多義的な内容がこまれている。

「経済」そのものとはなんであるのかを考え直すことです。人々の暮らしをよくすること、そこに商品経済は貢献してきたから、人々はそれを受け入れてきました。でも、商品が売れなくなってきた、それはどういうことであるのかです。ただ競合過剰が起きたからではないのです。コストを下げたところで解決されない、安くすれば売れるなどの市場はないのです。費用=コストの問題は経済ではないのに、そう思いこまれてしまっている。

商品の存在基盤にあるもの、それは「物質文化」です*、そして「物」を生みだす〈もの〉です。

商品の交換の根源にあるもの、それは「互酬性」です。「対抗贈与**」も含まれます。

商品の利潤の根源にあるもの、それは「剰余価値／剰余享楽***」です。

商品が配備されているところの土台にあるもの、それは「環境」です。環境は「場所」です。

そして、商品生産を可能にしているもの、それは「資本」です。

これらは、商品の存立を可能にしてきたものであるのに、忘却されてしまったものです。すると商品物象化、制度物象化、社会物象化を経営するマネジメントになっていく他なくなる。

* Daniel Miller(ed.), *Material Cultures: why somethings matter* (UCL press,1998)
** ブルデュー『実践感覚』みすず書房。これは「プラチック感覚」です、「実践」ではない。
***Jacques Lacan, *D' un Autre à l' autre, Le séminaire livre XVI* (Seuil, 2006)

商品物象化を現実性として社会総体へ組み立てる事業を企業はなしてきたゆえ、大企業組織になるほかなかった。その役割が、もう終わっている。さらに驚くべきことなのですが、商品生産の労働時間とその社会時間は設定されているのですが、「生産時間」さえ忘却されてしまっていることです。慣習や知恵・知識を含め生産諸条件を作る時間がそこに含まれるのですが、分離して生産時間を消していくのですから、生産性が上がるわけないですね。生産時間とは、たとえば農民が明日の天候を考えていたり、労働者が疲れを癒すために休憩したりなども含む。経済の「可能条件」の忘却ないし放棄でさえある事態になっている。「売り上げを上げろ！」と労働時間が叱咤され、しかし実際には売り上げが上がるほど損失が増えていく、利潤率逓減法則にハマっているからです。旧来のままの思考で経済強制される。

わたしは商品を頭ごなしに否定しているのではない、商品の限界づけをもって、商品を愉しむことは、資本が機能しないとありえないと指摘しています。ある限界設定は必要なのです。商品が〈道具〉機能を麻痺させているとき、身体技術も不能化へと麻痺してしまうのです。(コンピュータを習慣化しているため、手で書いたとき、漢字をわすれているのに気づくと思いますが、いずれ打ちこまれた漢字の判断もなくなっていく予兆です。書けなくなってくる。)

そして、「物」は一つ一つが違います。これはとても大事なことです。「物」と「自己技術」、それをなくしてしまったなら、生活は楽しくなくなる。

商品〈社会〉経済は、欠如時代の便利さをこえて、物・事がそれ自体何であるかをわからなくさせ、かつ自分が何をなしているのかもわからなくさせ、自分の企業活動や経済活動さらには生活行動さえ何であるのかわからなくさせる不安を招く、安楽の過剰物象化になっています。商品生産している当事者自身が、商品形式さえ理解していないのは、もうその効果であると思います。商品は相対的価値形式以上でも以下でもない。そして匿名的なあてのない商品市場ではなく、長期的な相互関係と信頼の確立された安定性へ開放されてあることが市場です。価格は、品質において閉じられておらず、詳細で開かれた情報に依拠していること。

商品世界は逆立ちしているとマルクスは、商品の物象化世界を指摘しましたが、物象化は生産物としての商品関係だけではない、制度も物象化されますし（学校・病院依存）、社会自体も物象化されます（規範依存）。それどころではない、言語様式も物象化されてしまうのです。後で述べますが**商品経済マネジメントは物象化マネジメントでしかない**ものになっています。

こうした転倒は、〈文化資本〉の大事な本性の働きがなされていないからです。日本企業がかくも発展してきたのは、企業が〈文化資本〉を機能させていたからです。文化資本なしに経済資本を稼働させることはできないのです。大学の文化資本／学術資本も近代知のまま劣化しています。金融も利子産み資本の商品経営しているだけで「金融資本」を喪失しています。政治家は、「政治資本」を喪失し、官僚は「国家資本」が何であるのかも喪失している。

# 3　資本経済のための知的資本

知識・思考に対して知的な働きかけをなすこと。

近代知に立脚している産業社会経済を、六〇年代、七〇年代の知の大転換によって転移することから資本経済の可能性が見えてくる。

述語制の言語資本において経済アクションを実際行為として掴みとり、自分の自分に対する自己技術を領有することである。

# 資本経済を認識する

――資本経済を営むには、どのような認識や思考、そして行動を要されるのでしょうか？

資本経済のマネジメントや企業活動には、新たな知的資本が要されます。

ずっと強調してきたことですが、知の大転換が一九六〇年代中頃から七〇年代において、近代知を転移させるものとしてなされましたが、その言説生産は新たな時代を作っていく言説地盤です。言説が現実を作っていくのです。

大学知はシニフィエ（意味されたもの）の知でしかありませんから現実の後追いでしかない、それは現実を作れないから、知が現実を作るのだという思考・行為が忘却されています。

現代の知の転換には、二つの波がありました。一つは構造主義と言われましたが「関係プラチックの構造」を対象化し客観化する言説です。精神分析、人類学、言語学において近代人間主体体系からの脱皮がなされました。それは同時に、主体・主観を分離して「客観への綜合」をなすあり方を問い返すものでした。近代二元論が批判されたのですが、主観的人間主義批判として多分に客観的客観主義へ流れてしまう傾向になりがちでした。しかし、きちんと理解すればそれらは全て〈pratiques〉（実際行為《プラチック》）自体を問い返すことによって二元論を超えています*。理論対象が転移され概念空間が転じたのです。構造主義を翻訳・解説する大学人たちが誰

*「理論と実践」なる二元対立は、主客分離の二元論認識のままのもので、フーコー、ブルデュー、アルチュセール、レヴィ=ストロース、ラカン、セルトー、言語理論もみな「プラチック」概念空間を配置して、日々の実際行為そのものの論理性を明らかにした。サルトルが無認識の無知な日常行動と弁証法理性批判でなしたことに対する批判です。訳語部分の問題ではない、近代哲学地盤 / 学問体系の転移を可能にした理論対象です。仏英独西、総体で日常語が理論概念へと構成された。カントもハーバマスもマルクスもプラチック /Praktik 論なのにみな誤訳。とんでもない大学人知の無知学問状態になっている。出版社も加担。

も気づいていない、pratiquesを「実践」と誤認する誤訳だらけです。（指摘されて知っても拒否する*、誤認の再認があまりに強固で、邦訳しながら全く理解しえていない学生以下の無知蒙昧。）

そして第二の波は、この構造論への批判肯定的な深化で、種別的な領域で精緻化されていきます。決定的なものは教育理論とジェンダー論でした。経済人間批判だけではない教育人間を形成することへの総体的な考察と女性論を含んだ男女論の根元からの見直しが社会史、人類学、精神分析理論、言語論、フェミニズムなどから開花したのです。中性的人間を抽象的に考えるのではなく、実際的な男女をジェンダーにおいて文化的かつ心的に考察するものです。これを経済的にいいますと、生産者の生産・再生産が問われたことであり、かつ生産諸関係の再生産のあり方が問われたのです。ともに、経済組織の外部でなされている経済様式です。

わたしは、イリイチの研究所にいて、それらを吸収する仕方の真っ只中にいたことと、メキシコ現実の「産業的なもの」とはまったく違う〈バナキュラー veracular な現実〉に直面していました、それを欧米の学者たちが捉え切れていないことを実感しました。アジア的感覚喪失の先進国価値のメガネをかけたままなのです。先進国からは遅れたものとみなされていました。

そして帰国し、あまりの日本の知的世界の低開発さに驚愕したものです。そこから、現在にまでいたる知的なものの文化生産がなされていますが、日本の大学アカデミズムはまったくにこれら知の大転換を消化しえていません。近年、海外留学した若い研究者たちがようやくこれ

* アルチュセール『再生産について』平凡社
解説で私の指摘を上げながら、しかし「実践」と訳すとしたままで、アルチュセールが新たな概念としてpratiquesを上げているのに理解できない。

らのとくに第二波の水準を翻訳などでなしていますが、第一の波と第二の波の「知の地盤変え」総体を領有しているように見えないため、多くの後退的な滞留を招いてしまっているように見えます。翻訳しているのに内実を理解できていない、旧来の思考世界へ戻してしまう。

つまり、第二の波には、ポスト構造主義とポストモダンとの軽薄な気の利いたことだけを言うおしゃべりが並走していた、その「文化主義」をクリティカルに領有できていないからです。それは、根本に、政治理論、経済理論、そして教育理論と言語理論への弱点として地盤が旧態のままにあって、その同じ土壌に新しさを戻して導入していることからの限界です。一言で言えば、**社会科学の実定化の根源が転移された**ことを把捉できていないのです。人文科学の表象の転移でしか領有されていない。資本経済への理解は、そこに関わってくるいちばん基本の対象です。たとえば精神分析でしっかり理解を深めているのに「社会」概念をそのままで使って論述したり、実行はすべて目的意識的な「行動」「実践」の概念のまま使っています。

——その異なる「知的資本」とはどのようなものなのでしょう?

まず、〈総体 ensemble〉であるということです。これは全体性 totality という抽象ではない、知識の網羅ではない、種別的なものにおいて総動員される総体を可能な限り把捉するのです。

大知識人が、その転換の波において批判され「種別的な専門考察」が強調されました。しかし、それが地盤転移なしに近代学問の分類化のままに接木されてしまった。種別的な対象は全体の中の部分ではない、実際行為的《プラチック》な種別性に総体があるのです。教育・学校であれば、その経済関係、政治関係、文化関係などすべて関わりますし、医療であっても同じです。部分に総体性があることと部分の内在性ではなく〈外在性〉です。プラチック自体に論理があるのです。

そのとき、哲学的な思考形式の土台を転じていかねばなりません、つまり主客分離の近代二元思考・認識に代わって「主客〈非分離〉」の思考・認識形式への転移です。エピステモロジーそのものの転換です。これが日本ではよくて廣松渉哲学の近代二元論批判のままで滞留してしまって、つまりマルクス主義のままポストモダニズム思考へとすべってしまっています。大森荘蔵の哲学考察も二元論超克を提示しながら二元論言説のまま論述されてしまう。

二元論批判の根底には〈言語理論〉が地盤としてあることの喪失です。主語言語思考の主体論のままに、客観総合しうるとしたまま残されています。廣松言語論の「もの・こと」論の転倒がその典型です。「もの」を接頭語としか理解していない。日本語は〈述語制言語〉なのです、主語はない、命題形式／コプラもない。〈もの〉はタマ（魂）です。大森荘蔵では「面体分岐」で非分離設定していながら客体と主観へと分離されたままになってしまう。こうした優れた哲学者たちがふみこえられていない地盤がそのままあるのです。

エピステーメ総体の転移に実際的な種別性の探究が配置されて探究されねばならない。言説編制総体の転移 déplacement であるということです。心理学・生物学・経済学・社会学・文学・文献学の近代学問体系に代わって「精神分析／エスノロジー／言語学」の構造論的転移がなされた、それを踏まえて「元気学／生命行為学／述語表出学」をわたしは設定していますが*、「対象、技術、方法、理論、テーマ」総体の言説編制の地盤変えなのです。

すると「資本経済」という対象・領域とは、同一なるものから他なるものを見ていく「商品経済」のロジック／現実とはまったく異なる、「プラチックな経済」だということです。

商品経済は、分離された「物と労働」の関係を対象にし、量産の技術によって、交換価値を編制する方法で、商品形式の理論において利益・利潤を主題にして構成されますが、それは「社会」を戦略的に実定化する体系であるのです。商品が社会に実定化されますと、他からの働きかけが優位に転じられます。生産の科学技術も目標が分断細分され無限追及されます**。商品労働集中の市場社会の構成です。F・ブローデルやカール・ポランニーが指摘したように資本主義と市場経済とは違うのですが、商品市場＝社会市場として一体化されてしまっています。

この商品理論の知／「実践」に対して、新たな資本経済の知的資本を形成することです。

商品の自己表象に対して〈述語的表出〉を、同一者／他者関係に対して〈対資本〉のホスピタリティ技術を配置することです。労働の社会時間構成に対して、環境の多元的時空の〈場所〉を設定します。客観主義科学に対して、道具の文化技術の文化資本を生命科学へ活用すること。

* 山本編『文化資本研究1』EHESC 出版局、p.336
** 矢野雅文『科学資本のパラダイムシフト』EHESC 出版局

もう一九九〇年代にドラッカーをはじめとしてマネジメント理論でポスト資本主義をみすえた考察が始まり、二〇一〇年代にはかなり知的に形成されたといえます。それはやっと一九六〇年代、七〇年代の知の大転換を地盤にしているものです。「知的資本」「情緒資本」さらにホスピタリティ・マネジメントなど質的に高度になっています。しかし、ファンダメンタルな理論概念がしっかりしているわけではない。マネジメント技術上の構成になっていますが、知の地盤は転じられている。知の転回の認識なしにマネジメント転回を学んでも活用できない。

経済概念の転換は、実際《プラチック》の経済活動の根元からの組み立てなおしにつながっています。

資本経済の知的資本は、まず商品ではなく資本が対象です。この資本概念は、もう述べましたが、基礎は個々人の力能・自己技術のことです、個人の文化資本、そして企業の文化資本、さらに場所の文化資本がその軸になります。また、科学資本のパラダイムシフトです。

市場は「社会」ではなく、個々の多様な〈場所〉です。均一の社会市場ではない限定的な多元的な「場所市場」です。商品が消えるのではない、商品生産を可能にしている基盤・土台への認識の深化です。E-commerceは、通販で商品がどこへでも場所に関わりなく送付される情報流と物流とのドッキングでなされますが、店舗での購入そして生活者の活動は場所が基盤です。市場とは、個々の生活者のスタイル、その暮らす場所です。経済範疇ではないのです。

ここをもっとつめていくと、場所において消費される商品の違いがある。もうこれは実際に商品市場でも起きていることですが、先日テレビで長野県のある場所はサバ缶が四月、五月に大量に売れる、それは時節の竹の子とサバ缶とで味噌汁を作って飲むという場所の習慣（文化）が市場になっているからです。場所ごとの固有の商品が、即席ラーメンなどでも作られている。

資本とは、この文化的慣習《プラチック》、場所の特徴にコミットする経済です。すると社会空間とは、場所間交通の場であると組み立て直されます、もはや均一・均質の空間が主ではない。さらに「場所 place の環境」を無視しない〈場 field〉でないと社会は機能しなくなる。地産地消と言われる、それは〈場所市場〉だということです。正確には「場所環境の生活スタイル」が市場です。

理論的には社会を自然性であるとしてきたファーガソン以来の「社会」理論の社会概念*はもう機能しない。これは当然、経済だけにおさまらない、まず「場所の環境」が地球環境であるといういわゆる「地球環境論」が忘却している場所概念を理論的に構成する必要もあります。

次に、社会統治技術に代わる場所統治技術の政治ですが、それはパワー関係の組み替えによってなされえます。**資本経済は、場所における諸資本の諸関係のプラチック総体**なのです。

## 述語制言語と資本・国家資本

こうした転移を認識する上で壁になっているのが「国家資本」です。

* フーコー『社会は防衛しなければならない』筑摩書房
『安全・領土・人口』筑摩書房
山本哲士『フーコー国家論』EHESC 出版局

この国家資本は、経済的な再生産様式を経済生産と制度生産の共時的な編制において「社会市場」へと組みたてていますが、その機軸は「主語制言語様式」を集中化し統合化している構造です。つまり言語を近代的に転じてしまったものです。この言語編制がすべての根源です*。

国家語としての標準語が交通する社会空間の編制は、社会的エージェントが行動する仕組みで、その社会エージェントは主語言語で言動している「主体的に」労働する／話す／生存する人間の形成をもって可能になります。社会エージェントは賃労働を生存基盤にして成り立ちます。商品生産／流通／分配／消費を可能にする社会的労働を営むことです。

そして社会サービス制度に依存しそれを受容する主体です。個人化が徹底されます。この個人化＝主体化は、物事に従属する主語主体です。バウマンが指摘したように近代自我も「液状化 liquid**」してしまう主体、主体化＝従属化 subjectification というパワー関係です。その基盤はフーコーが明証化しましたが***、もうはるか昔、キリスト教化においての自己技術として形成されたことで、それが商品経済において「社会の自然性化」へ統合され、賃労働主体の主語的経済行動の基軸になった、そこへの地盤転移がなされる段階に現在は来ている。

自分の自分に対する自己技術において宗教的＝幻想的な世俗化編制が経済的な編制に変容されて、それを近代社会の国家統治が構造化していますから、自由市場の資本主義経済と言いますけど、国家統治された主語的経済人間 homo economicus の個人活動でしかないのです。

* 本来の日本語である述語制言語の近代主語制言語への転移が「言語物象化」として、主語の設定、品詞（動詞と形容詞の区別）、助動詞の「た」一本槍など、言語総体の転倒を形成する。だが、主語なしに人々は話し書いている。

** バウマン『リキッド・モダニティ』大月書店
『リキッド・ライフ』大月書店

*** フーコー『主体の解釈学』筑摩書房

それが、もう、新型コロナのパンデミックで、「国民の命を守るため」に経済活動させない国家規制として逆生産に露出しました。主語的主体は感染不安を優先する。実際に感染へ具体対策をとったのは地方自治体でした。実際の人間の活動は場所活動が地盤であるからです。

政府からは場所が見えない。そこに移動が加速化社会として構成されてきた産業社会経済ですが、輸送経済の社会市場がストップをかけられました。移動が、抽象化されているからそうなる。移動とは本来は場所間での移動なのです、環境規制的であるのです。

産業「社会」空間の移動速度は飛行機速度を最大速度として自動車速度が支配的・中心的ですが、場所内の移動速度においては歩行と自転車の移動速度が中心で、モーター乗り物速度は補助になります*。場所の述語的環境において移動の交通体系が設計替えされることです。

資本経済の速度とは、情報流の光速度と歩く速度との相反的共存の構成で、非常に高度な技術が要されるものです。テレワークがなされてますが産業社会のままだと自宅監禁ワークになってしまいます。産業「社会」の労働環境と同じに閉じ込められてしまう。大学の講義でのテレワークは、もうサボれなくなります。学校化の制度形式のままでは管理側に便利なのです。

これは「社会」概念空間が、個々人のプライベートさを閉じこめる統治技術になっているからです。逆です、開かれねばならない。若い経営者の人たちによるテレワークは開放的です、末端の社員の意見が常に活用される。プライベートさが生かされるのが〈パブリック〉の設計

* イバン・イリイチ『エネルギーと公正』晶文社

原理になります。それが**〈場所〉の〈パブリック統治〉**です。

感染者も「社会」では「閉じた」隔離をされてしまう、開かれた隔離にしていかねばならないのに。場所規定的に設定すれば可能なことです。都市「社会」だから監禁される。

資本経済の知的資本の理論概念は、「社会なるもの」の概念を〈場所〉概念地盤へと転じることが一番の肝要事です。それには主語制言語化された「言語物象化」への概念転移が要される。

概念空間の本質地盤は、言語物象化された「主語制」言語の〈述語制〉言語＝言語資本への転移にかかっています*。本来の日本語自体の領有です。そして哲学的な概念空間の転移は、主客「分離」から主客〈非分離〉への転移です。述語制様式で働くものごとが資本の働きになる。

それによってエピステーメそれ自体の体系的な転移が可能になります。

**資本経済とは〈述語的な非分離の場所経済〉である**のです。

## 「社会的なもの」と〈場所〉とパブリック

――「社会なるもの」と「社会」、そして「場所」と「パブリック」。この関係をもう少し説明してください。

理論的な系譜というか学術的な考察の方からまず説明しますと、ルソーの「社会契約論」へ

* 山本哲士『述語制の日本語と日本思想』EHESC出版局
金谷武洋『述語制言語の日本語と日本文化』EHESC出版局

の批判考察が哲学者アルチュセールによって展開されました。契約関係の転倒が暴かれています。それはまたフーコーも指摘したことで、契約とは自分を売り渡す行動です。これが自分を守っているかのように転倒されます。社会関係の物象化です。そのとき、「社会」概念なるものが問い直されることです、フーコーの安全・領土を巡る「統治性」の理論です。*

ここで同時に見失しなってはいけないのはアーレントのパブリック議論です**。西欧の市民社会は社会概念を実定化しましたが、アメリカ革命はパブリック論であったという示唆です。「public realm」という概念で論述されていますが、建築家の山本理顕さんが『権力の空間／空間の権力：個人と国家の〈あいだ〉を設計せよ』（講談社選書）で実際の建築からアーレントを明証にしておられます。わたしのロジックと同じ内容が、建築の側からも明示されている。

USAではセネットやゴイスの論理が明証ですが、ハーバマスも含め「公共性」と誤って訳されています***。「公共」学は、社会概念を歪曲した日本のねじれた無知の論理ですが、パブリックはプライベートなものを活かす設計、社会的なものはそれをプライバシーへと押しこめてしまう設計です。日本語の使い方ははっきり区分しています、「公共事業」と言いますが、公共浴場とか公共便所とか公共学校とは言わない。プライベートな利権を社会的に正統化するとき「公共」という転倒用語が使われています、学術概念にするのは間違いです。もちろん社会浴場、社会便所、社会立学校とも言わない。〈公的＝パブリックなもの〉は、プライベートなものを

* アルチュセール『哲学・政治著作集』藤原書店
フーコー『安全・領土・人口』筑摩書房
** アーレント『人間の条件』ちくま学芸文庫
*** セネット『公共性の喪失』晶文社
ゴイス『公と私の系譜学』岩波書店
ハーバマス『公共性の構造転換』未来社

尊重し生かしている仕方です、それが「公私混同するな」と近代でひっくりかえってしまったのは、社会設計を押し進めるためです、本来の日本語の論理ではない。

理論的には、そこから「社会なるもの」の発明を問い返す優れた理論が出てきます。


――「社会」概念に代わって、「場所」概念を強調されますが、「社会なるもの」を疑い始めたのは何がきっかけだったのでしょう？


ジャック・ドンズロが『社会的なものの発明』を1984年に書きました。これが衝撃的で、その後フーコーが統治性で「〈社会〉の自然性」が作られたものだと明示していきます。

しかし、「社会は防衛せねばならない」の講義はすでに1975―6年になされていたのですが、その刊行は1997年でした。それがもっとはっきりする「安全・領土・人口」(1977-8年講義)の刊行は2004年とずっと後ですけれど、『知の意志』1976において「セクシュアリテ」から把捉されたバイオ政治 bio-politics やさらに統治性 gouvernementalité/governmentality に関するフーコー論が当時既に刊行前にいくつか出ていて、それと結びつきます。社会を統治技術がいかに政治的に構成しているかの考察です。海外の論者は、自分のネタ元やマトリックスを明言しませんので、どうなっているか分かりませんが、こちらは理論関係を把握すればいいことです。

わたしが『場所環境の意志』として「場所論」を書き上げたのが1997年です、文化資本を考えていた同じ頃です。そしてE・ケーシーが『場所の運命』（新曜社）を1997年に書いた。理論史から「場所」概念を見直したものです。彼とはボストンで会いましたが、普通の人でした。ジョン・アーリが『場所を消費する』（法政大学出版局）を1997年に書きましたが、これはツーリズムが場所を食いつぶしてしまうという論点です。

つまり、資本概念と場所概念が、「社会」からは喪失されるのだとわたしは感取していた。その背景には「環境」論をどう位置づけたならいいのかという問題意識がありました。他方、ブルデューは「社会空間」概念それ自体を吟味していた。これは本ではなく論稿です。

わたしは急遽、彼らと接触をもち、国際セミナーを1997年からロンドンやニューヨークやトロントなどで開始していきます。

つまり、一九九〇年代末に何が起きていたかというと、一九七〇年代後半の理論言説の大きな転換の後、対象それ自体の転換がその実定化の根拠を問うことにおいて系譜学的に深められたのです。そこにボルタンスキーの『資本主義の新たな精神』が1999年に出てきます。ちょうどこの本を書いているときに、最初に彼とパリで会います。わたしが送っておいた「iichiko国際版」にのせた鷲田清一さんの原稿を評価されており、本の中でもとりあげていますが、「所有」概念を考えていたのでぴったりあったようです。

ブルデュー理論以後の社会科学の決定的な転換であったとわたしは配置しますが、これらの成果をわたしなりに統括しますと、「社会なるもの」の実定性の転移です。それは逆にブルデューが必死に社会科学を実定化しようとしたことにおいて反証されます。「社会」を問い返す論述はいくつもあるのですが、アーリが『諸社会を超える社会学』を2000年に、そしてラトゥールの『社会的なものを組み直す』2005が一つの集約点だと言えます。

その間に、三つのことをわたしは実際に展開していました。

第一は、飛島建設での都市・建築の根源的な見直しです*。かつ同時的にわたしがアンカーマンとして協力を求められた「東京デザインネットワーク」(日産、キャノン、NEC、日立、ソニー)で、デザインそれ自体の見直しがなされていた。デザインを文化技術として提示した**。そこにバブルが弾ける。産業的な商品経済の一つの破綻です。大企業が現象的に一挙に赤字状態になる。社会的雇用維持として保持されますが、実態は産業的な経済様式が或る限界に至ったのです。

その中で、山本理顕さんの建築にであった、それは「社会」を建築空間に配置するのではない、場所を創出しているのだとわたしは理解しました。たくさんの建築家たちのセミナーを開きながら同時にゼネコンのあり方を総合的に研究したプロジェクトです。建築は場所に立っているのに社会空間設計を多分になしている、そしてインダストリアル・デザインは場所文化を切り離して色と形のデザインをしていることを、クリティカルに企業人やアーティストたちとから知り、彼らと一緒に考え直しています。

* 福井憲彦・山本哲士・森反章夫『都市・空間・建築の根拠を考える』飛島建設、1991
文化科学高等研究院編『都市化する力』三交社、1992
** 山本哲士『デザインとしての文化技術』EHESC出版局、1993

そして第二に、十勝の坂本和昭さんがきっかけで*、十勝青年会議所の方たちと関わるようになって、とても皆さん元気なのです。そして十勝毎日新聞の林社長、六花亭の小田社長の場所企業に出会います。十勝を対象にしてN社と「場所カー」プロジェクトを立ち上げました。

そしてさらに第三に、資生堂の福原義春会長と富士ゼロックスの小林陽太郎会長との「文化資本」経営プロジェクトです。

この三つは、商品経済のロジック/実践の限界、「社会なるもの」の見直しが要されること、そして環境は「場所」であることを教えてくれました。

しかし、先立って福井で「宝探し」運動**が河北秀也氏と坂田守正氏のリーディングでなされていて、1990年前後ですが、それがわたしに「場所」を気づかせた直接のきっかけでした。坂田氏はわたしの書を非常に深く読みこんで実際アクションされているデザイナーです。

理論転移と実際のプロジェクトとが、同じ課題に直面していたのです。いま、振り返ると一つの世紀末的な見直しがなされていたのです。

――理論と現実とが対応していたということですね?

ええ、理論的現実と現実的理論とが相即していたのです。しかし、白々しい統計化されたシニフィエされた物事ではない、実際に生身でなされていた物事への考察です。シニフィアンの

* 山本哲士『場所環境の意志』新曜社、1997
十勝場所と環境ラボラトリー編『まちづくり・ひとづくり提言集:十勝の場所の意志に学ぶ』北の起業広場協同組合刊、2003
** 坂田守正「場所資本の文化技術デザインと文化資本経済」(『文化資本研究1』所収)

把捉です。しかも批判考察は「自由の幻想」の擬制への解消であって、見出した規制条件に苦しむことではない。批判徹底しないと現実は明証に見えない、自分へはっきりさせることです。

ドンズロやボルタンスキーなどに直接会って、彼らと議論してきました。ドンズロは、「俺の先をいっているな」といってくれましたが、「社会なるもの」の系譜的考察が「社会」概念自体を疑うことだと考えるには彼は至っていなかった。社会史を「文化史」へと転換するのだと主張していたロジェ・シャルチエやアーリも入れて、ロンドンで国際セミナーを開催しました。パリ、ボストン、ニューヨーク、ロスアンジェルス、トロント、ジュネーブなどで、研究セミナーを開催して、*Philosophical Designs for a Socio-Cultural Transformation*(Rowman & Littlefield Publishers, April 1999) として40人ほどの世界第一線の論者参画で、わたしの監修で英文でまとめています。出版社はポール・ラビノウがアレンジしてくれた。

大学の改革で環境学部が作れなかった、そこでわたしはもう大学に見切りをつけていましたので、世界での作業をなしていた。イリイチがそれを聞きつけて会いたいといってきましたが、申し訳ない、もうイリイチの次元ではない。ブルデューも限界。わたしは、ほぼ同世代の彼らとの考察を進めていた。J・C・パスロンらと2003年に国際セミナーを再び実行します*。

そして、それに確信を持たせてくれたのが、スイスのジュネーブでの暮らしでした。そこは、ソーシャルな仕方ではない、「〈パブリック〉な仕方」なのです。プライベートさを活かす〈パブリッ

* ジャン=クロード・パスロン「社会学は危機を理解させているか？」季刊 iichiko no.77-9, 2003

ク〉とそれをプライバシーへ押しこめてしまう〈ソーシャル〉なものとの相反対立です。ジュネーブは、パリ、そしてロンドンの生活様式と比較するとその違いが目に見えてはっきりした。そこで、先に述べたセネット、ゴイスそしてハンナ・アーレントのパブリック論が、わたしに確信をもたせてくれました。アルチュセールのルソー批判が、そこを裏づけてくれた。

１９９９年から２００６年まで、わたしは書を刊行していません。二年に一冊は書くという仕方をイリイチから学んで、それを実行してきたのにストップしていますが、その間、世界理論の総括をジュネーブでしていました。「社会なるもの」を捉え返すには、高度資本主義、消費社会、情報社会、社会サービス制度社会を捉え返すこと。つまり、社会を実定化してきた様態です。そして、それを統括してきた国家、権力の政治編制の見直しです。そこに光を当てるのが、ジェンダー論、民俗論ですが、身体／セクシュアリテ、無意識、言語理論の本質から、ナショナリズム／エスニックの心性構成を見直さねばならない。そして社会を実定化してきた社会主義そのものへの批判考察です。『哲学の政治　政治の哲学』2006です、４００字原稿用紙２０００枚以上、１５００ページの大著になってしまいました。普通の本にすると15冊ぐらいです。これ出版商品にならない、まさに「資本」です。そして、手書きからワープロへの転換になった自己技術の転移が自分に課されます。そこで出版社を自分で立ち上げます。

わたしは、そこへいくまで、もう一つ大きな作業をしています。二十世紀思想としての吉本

＊『吉本隆明が語る戦後55年』全12巻、三交社

思想の総括です。吉本さんへの直接の聞き書きです。これも12巻になりました*。吉本本質論の視座をふまえて世界理論を総括した、その基盤です。（売り切れたので後に二冊本にまとめた*。）「社会なるもの」は総体ですから、そうするしかなかった。ジュネーブにいたからできました。理論の先端性の総括ですから、必要な書がパリやロンドンへいけばすぐ手に入る。日本が遅れるわけです。よく海外移植が批判されたりしますが、逆です、全然移植がなされていない、日本のあまりの知的低開発です。ここを明確に領有していないと、暗黙に〈社会〉主義の意識の変容物が中間階級の善意による正義として侵入してきます。ルソーがジュネーブで嫌った「プライベートなものを活かすパブリック」への社会契約的な批判が正統性を述べ始めるのです。

わたしのこの総括作業は、ファンダメンタルなものの確認です、基礎です。

その間、同時にわたしの個人編集である「季刊 iichiko」が1986年から継続されています。それは学術が働く現実への可能性条件を明証する文化生産ですが、プロデューシングは河北秀也氏です。企業文化誌を高度な学術生産において知的資本化しているもので、これも企業の文化資本さらに象徴資本となるのです。この象徴資本がなくなるとき、経済資本は枯渇します。そういう資本の力の働きがあるのです。経済資本だけで企業存続はありえないのです。

大学ではできない研究生産のスタイルを、わたしは作り上げたのですが、一流から学んで、自分の言説世界を創造する文化資本生産です。商業的な出版生産ではない。大学の枠から

* 吉本隆明『わが思想の軌跡と機軸』EHESC 出版局
吉本・山本『思想を読む 世界を読む』EHESC 出版局

出ないと不可能です。そこで資生堂の福原さんから協力をえて、ジュネーブに国際学術財団（FEHESC）を立ち上げました。時期が遅かった、というのは金融資本がもう機能しなくなってきていた。そこに、9.11そしてリーマンショック。目の前で金融世界が停滞していく実感をジュネーブでえました。金融関係の日本人が誰もいなくなった。そして利息が出ないどころか、銀行にお金を預けていると手数料で減っていく反転が起きてきます。「利子産み資本」の衰退です。すると〈パブリック〉だったジュネーブが、年々〈ソーシャル〉な世界へと変容していくのです。窮屈になってきます。プライベートバンクと直接に接していましたから、よくわかる。

繰り返し強調しますが、わたしは理論だけをいじくっているのではない、現実世界との対応で考えています。そのクリティカルな集約の体系が「社会なるもの」そして商品労働集中社会です。そして可能条件が、〈資本〉、〈場所〉の〈パブリックな〉環境です。そこに、サービス技術と〈ホスピタリティ〉技術の相反があることが、判然としてきます。

さらに、ウクライナに友人たちがたくさんいて、ソ連崩壊からウクライナがあっという間に消費社会化していく、そしてオレンジ革命へといく。その変貌を目の当たりに見てきました。友人たちの生活が激変していくのです。プラハもそうでしたが、プラハには友人が一人しかいなかったので表面しか見ていませんが、あんなに閑散としていた社会主義的状態からにぎやかに消費化していきます。カレル橋が人でごった返す。しかし、そこに解決は見えない。

ジュネーブやパリで、わたしは社会概念を問い返すべく彼らに会いながらまた研究会をそこで開催しながら提起していったわけですが、モーリス・ゴドリエからはサッチャー主義かと批判されるような時期でもあった。年長の識者は社会概念を疑うことより、よき社会を作るにはどうするかという姿勢をかなり頑なにもっているのがそのときわかりました。アルマンド・マテラルトも「社会」保持でした。しかし、ドンズロはすぐキャッチされたし、アーリは随分いろいろ勉強しているなと共鳴してくれましたが、USAのポール・ラビノウやケーシーはすぐわかってくれたのも、社会概念の問い返しを開示していたからです。わたしと同世代はすぐわかりました。ラトゥールは機能論的なので本を読めばわかるので、あえて会うのはやめました。でも重要な考察をなしています。ボルタンスキーは西田を読みたいと言っていました。

何を言いたいかと言いますと、「社会」概念のエピステーメは、理論者たちの世代的状況で違うということの発見でした。これは戦争体験が絡んでいるように思われます。物心ついたときに社会がめちゃくちゃにされた世界を体験している世代は、社会のしかるべき画定がどうしても理念的にぬけないのだと思います。ブルデューが１９３０年生まれですから１５歳で終戦、その後のアルジェリア独立戦争もあって、社会を理論的にしっかり実定化する社会科学の確立を使命感に持っていた気がします。

しかし「社会」は葛藤・矛盾の調整統治ですから、矛盾があってこそ成り立つ政治経済構成を本質としています。わたしたち戦後世代は社会形成がなされていくほど矛盾を抱えていくことを実感している世代ですので、社会批判を根元からどう考えるかに否応なく取りくんだ。

社会契約を四〇〇年近くにわたって試行錯誤してきたヨーロッパです。アメリカは、市民社会から逃れてきた移民の設計で、一種のパブリックなユートピアをアーレントのような亡命者たちを含めて、プライベートなものが生かされる技術を探っていたように見えます。

論旨がずれるよう思われるかもしれませんが、西部劇がまさに「社会なるもの」の侵略に対決する構成にすべてなっているのを見て確信しました*。銃で打ち殺しているのは全て「社会的なもの」の侵略に対してなのです。他方フィルム・ノワールは社会なるものが作られた暗部を描きます。それが、六〇年代半ばから衰退して、社会世界になっていく。表象としてそうです。

日本は言うまでもない、近代明治国家において社会づくりに入りますが、いちばん大きな作用は文語言語を近代日本語に転じていく言文一致運動や当時の翻訳言説は、主語言語に対する格闘であり、主語言語化への非常に注目すべき格闘をなしていますが、確定されるのは戦後になってようやくです。しかし、方言はまだちゃんと残滓しています。西欧では国家語形成は「帝国の言語」として十五世紀から試みられて、バナキュラーな言葉の近代言語化はなされていましたので、近代国家では英語、ドイツ語、フランス語など確立されましたが、フランスのラングドッグやスペインのバスク語、カタローニャ語などまだ残滓しており、カスティーリャ語だ

*山本哲士『西部劇の文化学』EHESC出版局
Patrick McGee, *From Shane to Kill Bill: Rethinking the Western*(Blackwell, 2007)

けではありません。メキシコもスペイン語（カスティーリャ語）は植民地言語ですが国家語となりながらも50言語ぐらいのインディオ語が残滓しています。バナキュラーな言葉はほとんど〈述語言語〉です。近代国家語は主語制言語様式を必要としたのです。

「社会なるもの」は言語の国家語・国家資本化が土台なのも、共通言語として流通していかねば行政管理統治として「社会」統治が成り立たないからです。商品経済がそれを支えます。民族国家nation-state形成において国家語形成が「社会」空間化される、これが本質地盤です*。そして商品流通が社会市場としてナショナル市場を形成し、どこでも賃労働につける社会労働化として、それを経済的に構成します。加えて近代学校制度がそこに不可欠であるのはいうまでもありません。医療化／病院化も「同じ」治療が、場所を超えて社会的になされます。

わたしがパブリック概念とソーシャル概念とを対比的に確信したのは、ジュネーブでの生活経験からです。これがなかったなら確信できなかったと思います。

## パブリックなもの

――どういうことですか？

あちこちで述べたことですが、交通機関でジュネーブでは改札口がない、バスも誰も切符を

* ブルデュー『話すということ：言語交換のエコノミー』藤原書店
安田敏朗『帝国日本の言語編制』世織書房
『近代日本言語史再考』『統合原理としての国語』三元社

見ません。自分の責任なのです。ですからただ乗りもできてしまいます。しかし、時々、検察官が乗ってきて切符を持っていないと60倍の罰金をとられます。小銭がなかったからと言い訳は聞かない、有無を言わせないです。パリに行きますと、地下鉄では、乗るときに改札がありますが出るときに改札はない。バスもそうです。ロンドンの地下鉄では乗るときも出るときも改札があります。この違いは、パブリックなものがソーシャルなものに構成されていくこととしてはっきりしている。ジュネーブは個々人を信用している、ロンドンでは信用していない。日常の出来事でいろんな物事に出会います。統治心性が日常経済活動に具現されているのです。

ジュネーブのプライベートバンクでは、手数料や利息は個々人が銀行と話し合って決めていた。預金額と預金者の意図とでそれぞれみな違う。ソーシャルな日本の銀行では利息は銀行が決めたもので画一です。税金の徴収もスイスでは個人申告でした。しかし、そうしたジュネーブも徐々にソーシャルな堅苦しい世界へ変わっていくのが二十年ほど暮らしていてわかったことです。赤信号で人がわたっていたなら車は黙って静かにとまっていました、それがクラクションを鳴らして「どけ!」というように変わってしまう。規則が個人へ侵入してきた。

いろんなエピソードを示せますが、パブリックな構成原理とソーシャルな構成原理の違いが重要であることを、理論考察とともに実際生活場面で見出したものです*。これが2006年のわたしの『哲学の政治 政治の哲学』の骨子になっています。そこから資本と場所の提起になっ

* Pauline Vaillancourt Rosenau(ed.), *Public-Private Policy Partnerships* (The MIT Press, 2002)
David Marquand, *Decline of the Public* (polity, 2004)
Setha Low & Neil Smith(ed.), *The Politics of Public Space*(Routledge, 2006)

ています。そして社会主義／マルクス主義への批判が絶対的に不可欠です。社会主義やコミュニズムを理念でたてる論者は、おぞましい歴史現実の考証*なしに「社会的なもの」を暗黙に前提にした、ただの主観願望です。妄想的な知的犯罪と言ってもいいくらいの無知の知です。

わたしは理論考察と具体現実とを切り離していないと申しましたが、理論は現実を的確に把握し、批判体系を媒介にして可能条件を次へ開示していくことです。ですから理論の解釈ではなく理論言説を生産すること、世界の理論から適切に現実に即して学びとり活用することです。

理論書は的確に読まねばならない、しかし解釈することでも従属することでもない、適切に現実づくりに活用することです。わたしのフーコー論やブルデュー論などを解釈だと思っている人が多いようですが違います。理論の意味作用／シニフィアンを把捉することが基本です。

この基本が日本ではできていない。シニフィエ整理でしかない大卒知のまま経済活動へと拡延されてしまっている。ビジネス書もシニフィエの経済考察にとどまったままです。知識資本のままなのです。**知識に対する知的資本を働かさねばならない**。それをしっかり有した経営者や企業人に会うことはほとんどない。それは現実での実行がぶれてしまうことを意味します。古い大学卒の理性のままか、上っ面のビジネス書では企業活動はもう機能しないといえます。

――知的世界でもそうですか？

* わたしは、修士論文が「キューバ教育の社会主義的変容」でロシア革命を対照しながら実証研究し、1965 年から閉塞していく実際をキャッチ。そして博士論文が、社会主義ではない「メキシコ革命期の教育」の実証研究。社会主義 / 革命そのものの限界を実証確認してきた。そして実際にウクライナの友人たちからロシアがなした現実を見てきた。

ええ、たとえばドンズロ。日本ではほとんど知られていないですが、ボードリヤールは知られていた。ボードリヤールのうまい語りはしかし、ドンズロがほとんどベースかきっかけです、当人も苦笑しながら言っていましたが、はるかに深い理論です。ボルタンスキーもわたしが言うまで誰もとりあげていなかった、ブルデューよりはるかに深い、社会学では世界一でしょう。やっと若い方たちがとりくみ始めていますが、他方では「人新世」のような消費的な知識が軽薄に語られる。

ピケティとかマルクス・ガブリエルとかその前はネグリ／ハートの帝国論ですが、三流の修正マルクス主義思考が日本ではもてはやされ流行し消える。わたしは日本のアカデミズムとは一切妥協していません、東大は世界で４０位でしかない。そんな次元ではない、世界で同時的に一流の論者たちと交通してワークしてきましたが、商業出版も大学知性と共謀して停滞したままです。文化生産がかくもなおざりにされていることと、企業活動がとくに電子世界で遅れをとっていることと共応しあっていると思います。知的世界を軽んじているのです。

女性哲学史ではミシェル・ル・ドフさんの仕事、秀逸です、全くに日本にないです。とてもいい方です。アンドリューやアウスティン、「季刊 iichiko」で取り上げてきましたが、全くです。アウスティンの人類学はレヴィ＝ストロースよりもはるかに高度です。あまり評価していませんがマニュエル・カステルの情報理論など最初訳されただけで、その後の主要な書は放置されたまま。友人のスコット・ラッシュの『情報批判論』(NTT出版)は出されましたが、情報理論

＊アンドリュー『コンシアンスの系譜学』EHESC出版局
Michèle Le Dœuff, *L'étude et le rouet* (seuil, 1989)
Philippe Breton, *L'utopie de la communication* (La Découverte, 1992)
Sherry Turkle, *The Second self* (The MIT Press, 2005)
—— *Alone Together* (Basic Books, 2011)
Manuel Castells, *Communication Power* (Oxford, 2009)

も放置されたまま。やっている人を見つけたいですが、なかなかいない。教えて欲しいですね、コンピュータ時代の第二自己を考察したタークルとかいろいろあります。フィリップ・ブレトンはパリで会いましたが、あまりに純朴、しかしコミュニケーション論としては大事です。*

わたしはこれらすべてを活用して考えています。資本経済と無関係ではない知的考察です。

## 移行を暫定的に設定すること

——資本経済を考えていくには、知的資本の領有が不可欠だということですね。

ええ、でないと、自分たちがなしている実際の経済活動、社会的な生活を、それ自体として捉えられないことになります。物が欠如していた時代なら、ただ作っていけば良かったですが、もうそれではすまされない。知識に対して知識を知的に働かさねばならないのです。

資本経済を考えていくには資本主義論やケインズ経済学では通用しない。まず産業社会経済をクリティカルに考察すること。そして資本主義とは心的・精神的なことまで含んでいる文化様態であると見直していかねばならない**。文化土壌なくして経済は成立していないのです。

なのに経済が社会へ絡みとられて、経済自体ではないものになってしまっている、つまり組織運営に転じてしまっています。社会を作っているからです。ですから社会が今回のように感

** マクファーレン『資本主義の文化』岩波書店
サーリンズ『人類学と文化記号論』法政大学出版局

染予防でストップしてしまうと経済もストップしてしまった、しかし、生存に関わる経済はストップしていない。また生存経済は不可避に復活します。**経済とは、儲けや利潤のための活動ではないし、ましてや最大利益をだす最大効率の物理的営みではない**のです。経済が利益を出すのは目的ではない、構造として剰余価値生産を〈剰余享楽〉とともに構造化しえていることで経済は存続します。これは後述します。知的資本はその物象化を批判明証にすることです。

商品経済は、環境経済と対立しているかのように出現していますが、**資本経済は環境経済を場所経済として成します**ので共存します。**〈経済、環境、文化〉が協働するのが資本経済**です。たとえば評判になっていますが、里山資本主義ではない、里山場所資本経済なのです。

実際は構造的に構成されているのですが、移行としてわかりやすくしたまで。歴史移行に文化本質がいかに作用しているかを考えていくことです。しかし、時間化は解決への途ではない。

商品経済から資本経済への移行表象として差異性を配置しながらまとめました。

この移行シフトつまり出現が可能になるには、日本の文化資本の原理を活用することです。社会実定性から場所多元世界への移行、主語制言語様式から述語性言語様式への移行、主客分離哲学から主客非分離哲学への移行、というように配置しましたが、現実に潜んでいる実際にはなされていることの出現です。実際は、移行というより「甦る」ことです。配置換えです。

わたしがまとめたものを土屋慶一郎氏がきれいにまとめてくれていますので、その簡明な図を次章に提示しておきます。日本の文化資本について次に説明しましょう。

# 4　資本経済の精神・心性と日本の文化資本

生産物は、個々人の文化資本・人格から分離されるべきではない。

創造性は個人へ閉じられた埋もれたものではなく、紐帯＝繋がりの数と質の関数である。

詳細な情報の共有と交通によって、利己的利潤追求をなすのではなく、解決策を共有化し、テクノロジーや市場の変化に素早く対応すること。

分類化・分業化の「社会」設計に代わる述語的な「場所」の設計。

資本経済は日本の文化資本の本質を活かすこと。

# 図3 新たな経済への“ビジョンシフト”のイノベーションマネジメント

日本の原理（文化資本）を活用して知の地盤替えなす（旧来の近代設計原理を21世紀の新たな設計原理へシフトする）

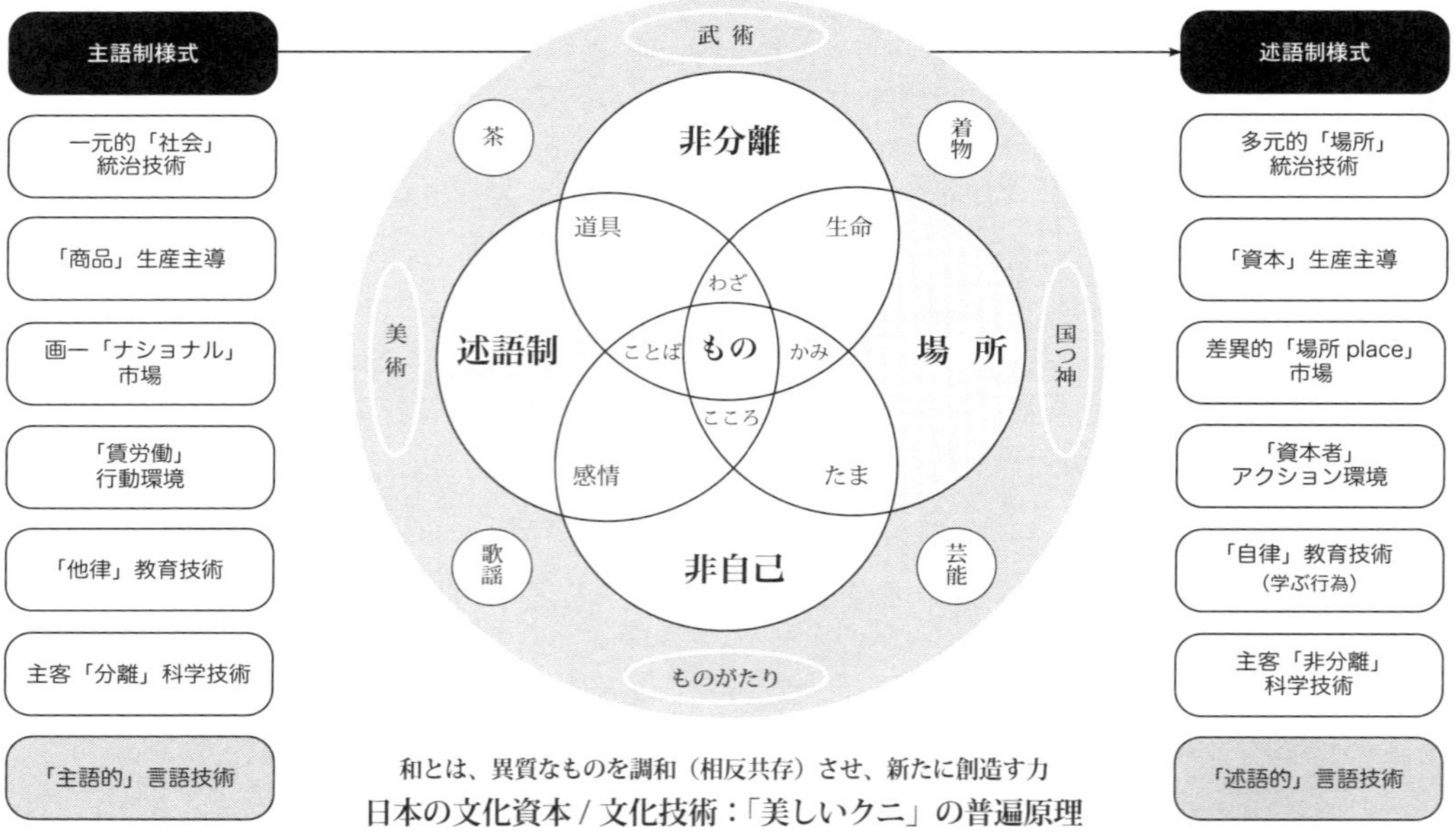

## 日本の文化資本の世界

——とても明解な図示化ですが、図3で、真ん中に、日本の文化資本の世界が描かれていますが、資本経済の実行には、日本文化が機能するということですか？

はい。物事のある普遍性として、本質原理が、日本の文化資本／文化技術に潜んでいます。経済の営みには、必ず文化土壌があり、かつ環境からの規制があります。

これも『哲学する日本』で明らかにしたことですが、西欧の普遍原理に対して日本の普遍原理が文化的に蓄積されてあるのです。これを、生かしえないのはもったいないというか、可能性を自分たちではぎとってしまっている。いや初期の日本経済はそれを生かしていた。

商品経済中心から資本経済主導へのシフト（転位的出現）には、この原理を設計的に活用していくことで可能になります。ただ、このシフトとは先にも示しましたが、別のことへ移動するのではなく、現在自分たちがなしているのに気づかれなくなってしまった資本経済を顕在化させて、諸々の相反共存として稼働させていく上で日本の文化原理を活用する配置としてです。

ホスピタリティが、非自己と非自己との非分離関係を述語的に場所において表出する自己技術であることを見出してから、日本の文化資本に気づいた。目的意識的に意図されたものだけが動くのではないからです。企業のとくに初期の生産活動に無意識に機能していたものです。

述語的表出において、武術や美術や茶など、さらに音のリズムなど、日本語と同時に見直していってはっきりすることができました。自分の文化地盤なのに、産業的な営みの中で心身が喪失してしまっているものです。これらはしかし「わび」「さび」とか花鳥風月だとか、情緒資本的に理解されているだけで、これを知的資本として練りあげないと活用しえない。それが「述語制の理論言説」から組みたてられるものです。自分なりに欧米の最先端理論を整理しきったことで規制条件がはっきりしてきて、そこに対して日本の哲学原理が西田幾多郎を媒介にして見えてきた。もうまとめてありますが、その**本質原理は「主客非分離、述語性、場所、そして非自己」**です。さらに折口信夫の言語論・民俗論から〈もの〉の作用を知りえました。*

　とくに日本の絵画は、はっきりと目に見える形で述語世界を表出しています。中世・近世の日本画には影がないですね。形象も実在そのものとはまったく違うのに、リアルな表現を可能にしています。述語的表象は客観表象とは全然違う。近代西欧の印象派が日本画を観て驚愕したのは、近代以前に客観表現が肖像画などで既に確立されていた、その限界に気づいたからです。感覚の非分離表出に驚愕したのでしょう。近代絵画論を書いている小林秀雄は、そこをまったく把捉できていない。印象派の逆説は近代絵画の形成において近代表出を越えようとしていたことにあります。光学やガラスや鉄の表現ではないのです。光は〈もの〉自体から発していることを印象派は表現技法にくみこんだのも、日本の述語的技術に気づいたからです。

* 山本哲士『哲学する日本：非分離・述語性・場所・非自己』EHESC出版局
西田幾多郎「場所」(『西田幾多郎哲学論集』1、岩波文庫)
折口信夫「国文学の発生」(『折口信夫全集』中公文庫)

逆に、日本はそれを忘却していってしまった。横山大観の朦朧体などは、その間での格闘です。ジベルニーのモネの庭園は西欧的ではない、述語的な庭園です。日本庭園でもない。人工的に述語的なのです。ただの自然でもない。感動的な庭環境で彼は描いた。睡蓮が浮かぶ水面は、客観的なものを述語的表現として描き出している、彼は客観と述語性との境界に立っていた。ルオーは絵具を塗っていくのではない、逆です、塊で塗った絵具をはぎおとしていく述語的な表現技法ですから、キリストの顔から光が出てくるように表出されます。

若冲の絵画は、だんだん明らかにされていますが述語的技術による表出表現です、金色の羽はただ金色を塗ったのではない。広重の浮世絵をゴッホが模写していますが、繊細さは広重が圧倒してかつ美しいのも、ゴッホは述語的表出へいたりえていないからです。相当に苦しんだのではないでしょうか。そう感じてしまう。広重は、雨や風まで描きえます。

北斎や蘆雪の構図は、客観表現をはるかに超えています。

――外縁に、美術、武術、国つ神、ものがたりが設定され、四隅には、茶、着物、芸能、和歌が設定されています。これは表象されたものと見做していいのでしょうか?

いろいろな文化現象があります。それを統括的に表象体系としてどう配置したならいいか、いろいろ考えました。本質でかつ明証なものとしてです。基本的に、ものと身体と心性と技術ですが、言語が基本です。述語制言語です。それが心身技術を規制しています。日々語る言語が、様々な述語表出を可能にしているのです。

武術にもいろんな流派や種類がありますが、基本を武蔵の「五輪書」においていいと思います。地、水、火、風、空です、身体技術との非分離の述語的心身が明示されており、薄い書ですが、わたしはデカルトの二元論をこえている普遍原理がそこにあると見ています。武術は、何らかの形で、それぞれの述語世界を作っていますが、「五輪書」から見ていってぶれないと思います。柳生新陰流はそれをもっと精緻化して完成させていますが、わたしにはもう分離への境界線に立っているよう見えます*。ワザへの理論言説としては、そのように見ていくことだと。

〈国つ神〉は幻想表出です。古事記幻想と日本書紀幻想との二つの原理があると『国つ神論』で明示しましたが、根源は「場所」の国つ神です、場所住民たちのタマの表象です、多様です、場所ごとにある神＝たまです、民衆の心性の幻想表出です。これは芸能と深く関係してきます。霊魂の実態ではない、場所の暮らし＝民俗の場所的共同幻想世界です。

〈ものがたり〉は、いうまでもない言語世界ですが、イメージに深く関わることと構成の述語的編制です。「大和物語」「竹取物語」「伊勢物語」などが「源氏物語」という巨大な文化資本遺産として日本には宝物のごとく残存しています。いかに写本であれです。江戸期の様々な物語は、その世俗化において多様化します。

* 宮本武蔵『五輪書』岩波文庫
柳生宗矩『兵法家伝書』岩波文庫
前田英樹『宮本武蔵 剣と思想』ちくま学芸文庫

これらの心性技術的な文化資本をもっと明証に文化技術化しているのが、茶、着物、芸能、和歌ですが、ここに建築を配備しなかったのは、これらの統括表現として出現するものだと配置します。茶室や畳、壁、柱、襖、舞台装置、など様々な空間表現の物質化ですが、組み木など釘を一本も使わずに五重塔を建てる。瓦や屋根、庇、窓、扉などいろんな要素がありますが、すべて述語的技術であって、客観的技術ではない、文化的なパッシブ空間*として結果します。これをアクティブな閉じたnDKモデルに転じてしまったのが産業的な空間様式です、長屋風景を取りこみ転化させた、場所の棄却です。場所なき空間の産業的な経済化がそれによって可能になったのがハウジングで、「住まうことdwelling」を非常に冷たいものにしてしまった。

大事なことは、この四要素の重層化を繋がりとして常に配置しながら考えかつ活用することで、述語的表出の非分離世界総体を領有しえます。部分に分離してはならない。

——それらの本質が、内部の円の四つの原理の重なりですね。

これも、本質的なエレメントとして抽出しましたが、ファンダメンタルな概念空間です。コアにあるのが〈もの〉です**。折口的な〈もの〉です。そこから、物質的に言語、幻想、「物体」として疎外表出されます。日本の「道具」や「物」はどこか温もりがあり、西欧的な冷たさの客体物とは違います。車や冷蔵庫のような産業的物体でも、海外のそれらとは違う温かみ

* 小玉佑一郎『住まいの中の自然：パッシブデザインのすすめ』丸善
** 山本哲士『〈もの〉の日本心性』EHESC出版局
津田雅夫『「もの」の思想：その思想史的考察』文理閣
大森荘蔵『物と心』ちくま学芸文庫
ジャクリーヌ・ピジョー『物尽し：日本的レトリックの伝統』平凡社

が日本製品にはある。これは、ウクライナで実際に感じました。家電店で一目で日本製品がわかる、ウクライナの人も感じとれる。共鳴される。人が使う関係性を分離棄却していないのです。それを近頃は忘却しているから、売れなくなっているのではないでしょうか。フェラーリの方がむしろ述語性を保持している。ジュネーブの自動車ショーで感じました。日本車は、もはや実用的な味けない物体ですね、心おどらない。ぜんぜんワクワクしないのです。

わたしのこの感覚、それは情緒的なものですが知的な裏づけで感じている「感覚」です。わたしに「信仰心」はありませんが、神、たま、こころの心性をキャッチしえているものがある、それは日本の〈もの〉が領有されているからで、述語的言語表現を保持しえているからです。主要な三つの原理、〈非分離〉は箸、〈述語性〉は風呂敷、〈場所性〉は下駄、としての〈もの〉の物体化として、文化技術の典型として現れていますが、他の道具にもすべて表出されているものです。大工道具や包丁など典型です。それらに人は〈非自己〉感覚から関与します。

ここで、一般に見落とされがちなのが「物」を考えたときに、「場所」から分離してしまう。どんな「物」も道具も、また食べ物や着物を含み、場所の文化として表出されているのです。

これまでの日本文化論が多々ありますが、この本質原理を見出していないため、表層でしか考えられていません。深い日本文化論は、この言表・概念を使っていなくても設定されています。

ドゥルーズの絵画論は感覚の非分離哲学になっています。日本だけではない本質次元です。

* ドゥルーズ『フランシス・ベーコン 感覚の論理学』河出書房新社

## 日本文化資本と資本経済

――そうした日本文化と資本経済とはどう関係していくのですか？

資本経済の基本は四つあります。

第一に、「賃労働者 wage labor」ではない〈資本者〉による経済活動です。「資本家 capitalist」ではない〈**資本者 capitalian**〉です。それは社員の個的な文化資本が生産をなしているということです、利益は働く人から生みだされますが、「労働」「労働力」ではない、〈資本者の資本〉が生みだすのです。ですので、その関係構成から剰余が必ず生みだされます。与えられた労働力としての労働をなしているからではありません。社会的関係は「賃労働」に領有法則配置されようとも、資本者としての述語的なアクションが基盤になっているのです。ですので、第二に、それは〈場所〉においてなされることです。場所環境の非分離な述語的条件が生産諸関係になります。商品の基盤は「物」の物質文化であり、さらにそこには〈もの〉の心性が文化規制的に必ずこめられます。伝統工芸を見ればそこはわかると思いますが、素材としての原料や技術などは、その場所の〈もの〉を使ってなされる。篠笛などは、場所の竹によって音色が変わります。竹一般はないのです。商品の笛はプラスチック一般に変えてしまう。

輸入した原料もその産地の場所の〈もの〉であることを尊重することです。コーヒー豆は場所で味がまったく違いますね。紅茶も場所でちがう。日本の緑茶も味がちがう。場所は、日本だけのことではありません、普遍的な概念です。わたしはチーズ嫌いでしたが、スイスで暮らしていてそのチーズの美味しさに、もうチーズなしにはいられなくなりましたが、日本で食べると味は落ちる。しかし商品化されていようとも、場所の〈もの〉を失っていない、それが資本です。物と人とは場所において非分離関係にあるのです。

第三に、したがって市場は場所です。場所の生活生存に役立つ〈もの〉であることです。他の場所が、その良き〈物〉を交換・流通で求める。そこに場所間交通が、環境として形成されます。物流・情報流の産業的な分配・流通が環境＝場所を見えなくさせているにすぎません。

第四に、これらを可能に産出する述語的技術です。客観科学技術ではありません。生命技術と言われますが、元々技術は身体の有機的世界が外界の非有機的身体と非分離な関係においてそこから疎外されたものです。矢野雅文さんが言っておられるように「場所中心的自己」と「自己中心的場所」との述語的限定における非分離技術なのです*。

**資本、場所、もの、技術**、これらの生産技術、使用技術は日本文化に本質的に述語的なものとして内蔵されています。ナショナルな文化ではない、本質文化としてです**。それを暮らしに役立つようになす経済活動です。ですから「社会」を作るのではない、環境を使って「場所」を作る、文化を使って文化環境／技術科学を生産する、それが経済アクションです。

* 『矢野雅文の述語的科学論』EHESC 出版局

** 先の図で「美しいクニ」と言っていますが、近代国家のことではなく、江戸期まで言われていた文語での「くに」＝場所のことです。

ですので、環境利益、文化利益が経済利益を付帯的に生みだしていくのです。普遍文化を歴史的に構築する資本経済アクションです。社会構築主義の思考ではない*。文化なしに経済アクションは絶対的に不可能です。たとえ商品文化であろうと場所の実在は背後にあります。

## 文化資本と情報資本

日本文化はほとんど情緒的に理解されたままです。それが知識資本として断片化されてしまっている。とてもずさんで表層的な日本文化論ばかりです。その中でわずかに、優れた日本文化論があります。『聖諦の月あかり』(EHESC出版局)の付録別表であげておきましたが、日本橋で天野豊さんが力を入れておられる「和文化研究会」で報告したものです。

商品社会経済から資本場所経済へのシフトは、その文化的な情緒資本を再発掘しつつ知的資本へとクリアにしていくことが要されます。文化情報、場所情報をキャッチせねばならない。情報技術ですと、今のそれはただデータの検索とアレンジです、〈情報生成〉になっていない未熟な次元にあります。情報生成は場所からしかなされません。それを情報技術の人たちは、多分に忘却しています。客観データの整理・検索をしているだけではないでしょうか。

情報は資本です、文化です、データは資本ではないのです。〈情報資本〉は場所文化にあります。生命は生命体の内部に分離されてあるのではない、場所環境と非分離に生きている〈生命資

* 普遍主義と社会構築主義との対比が論じられますが、主客分離の論理に立っているからで、主客非分離の述語制からは普遍と歴史的表出構成の規制性とは対立しない。

本〉です。情報資本の技術開発は、まだまだこれからだと思いますが、日本語の助詞とされている静助辞、そして助動詞ではない動助辞の、〈述辞〉体系*をシステム化することで、まったく新たな情報技術開発がなされうると想定しています。名辞、よくて動詞、の一部の情報技術にしかなっていない限界を超えることです。かつ情報は情緒・情動と分離してはならない**。

身体の振る舞い／情緒と情報技術とが分離されている様態を超えていくことが可能になる。そもそも、情報の基盤は言語です。日本語言語は〈述語表出〉が本質であって、西欧のように記号が本質ではない。その主語言語から記号体系の情報技術の開発がなされていたにすぎません。述語的言語体系から情報生成技術の開発と活用がなされていくことです。測定可能なことだけの客観的技術科学は時代遅れです。情報を思考や技術へ組み立てる述辞は情緒表出なのです。日本の機械技術でさえ、述語的な非分離技術であるのに、思考や認識において忘却されてしまっているだけです。最先端の超電導子を制作する巨大レンズがあるのですが、キヤノンの栃木の工場で見せていただきましたが、砥石の述語技術で磨き上げています。

## 資本主義の新たな精神：ボルタンスキーの「シテ」論

——ヴェーバーの資本主義精神論が古典的にありましたが、資本主義が機能していく上での精神作用がある。それは文化との関連の考察だと思うのですが、新たな、海外ではもう基本的な

* 藤井貞和『日本文法体系』ちくま新書、『文法詩学』笠間書院
浅利誠『非対称の文法：「他者」としての日本語』EHESC 出版局
** 西井涼子・箭内 匡編『アフェクゥス（情動）：生の外側にふれる』京都大学学術出版会

必読書になっていますボルタンスキーの『資本主義の新たな精神』の「シテ」とはどういう論理ですか？「シテ」は文化や場所とどう関係するのでしょう？

ボルタンスキー*の『資本主義の新たな精神』は非常に重要な書です。ヴェーバー以来の書と世界で絶賛されていますが、資本主義を考える上で絶対不可欠の書です。でも書かれたのは１９９９年、金融資本がまだ機能していたときで、その後、世界の金融資本は激変します。それを考えにいれないと資本主義は論じられません。また理論化のために分析された六〇年代と九〇年代のマネジメント理論は、２０１０年以降大きく変化していますので、歴史資料的分析でしかありませんが、でも九〇年代のマネジメント論にすでに新たな可能条件は開示されています。ですから、情況的考察にたいして本質的な読解をしないと多分に見誤ります。

何よりも経済主義的な考察からの離脱です。

経済理論が資本主義の変貌を把捉できなくなったのも、資本主義の現実が理論分析を越えて高度に刷新されたからですが、資本主義はそもそも古来からあった資本経済であって、環境や文化と切り離して考えられないことです。これを新しい現象面をとらえる消費理論からなすだけでは不充分であり、旧態の生産概念がそのままでも不十分です。

繰り返しますが、現在の資本主義は「社会」を生産する経済になっているためで、そこをボルタンスキーは「シテ cité」概念を導入して、行為者と諸構造との関係を把捉します。もはや

* ボルタンスキー『資本主義の新たな精神』ナカニシヤ出版
『正当化の理論』新曜社
『胎児の条件』法政大学出版局

プロテスタンティズムの宗教的文化の次元にはない。さらに、ブルデュー理論の一歩先です。彼とは何度もEHESSで議論し、そのインタビューは刊行しましたが*、翻訳も近年なされて読めます。ただ「シテ」概念が「市民体」と訳されてしまって、ちゃんと理解されていません。

ボルタンスキー当人にも言いましたが、「シテ cité」は述語的な「場所」概念に相応するのです。つまり、「社会」を対象化しながら、「社会」の非実定化を胚胎しているのです。西田の「場所」論を読みたいな、と彼はいっていましたが、日本語を勉強してくれとしか言えないですね。シニフィエ理解しても意味ないですから。フランスでも西田の仏訳などやっていますが、気どりで、理解の質もひどい低次元です。西田の英訳もひどい。述語性言語がわかっていないからです。

「シテ」概念・用語はフランスではいろんな論者が論じ始めていますが、バリバールだと市民共同体的なニュアンスでもいいですが、ボルタンスキーはそんな二流理論ではありませんから、しっかり理解する必要があります。まず実態概念ではない、「理論対象」概念であるということです。さらに精神的態度が考慮に入れられている。何を「偉大である」としているかです。

――何で、「シテ」を「市民体」などと本全体を翻訳していながら勘違いするのでしょう。

## 「シテ」の意味と場所

「場所」概念でなく、それを喪失して、暗黙に「社会」概念の思考スキームのままだからです。

* ボルタンスキー『偉大さのエコノミーと愛』EHESC出版局

その前に、実際として、パリのセーヌ川に「シテ島」があります。

パリ発祥の地で、ノートルダム、病院、警視庁、昔の刑務所などがあり、一つの小さな町です。「社会」「市民」が成立する以前の〈場所〉です。これを「共同体」などとしてはあやまります。

それから、わたしが暮らしたジュネーブに、スイスのあちこちの場所のワインを売っている店があり、それは「シテ」と店名になっています。場所の固有性を生かしている意味がありますが、場所 lieu 自体ではありません。ある集合性をもっています。しかし、共同体でも市民体でもない、body でも構成 constitution でもないのです。

〈cité〉から citoyen/citizen なる語が発生しましたが、市民社会になる前の場所です。フランス語をやっている方で、フランス語における citoyen ＝市民の概念は、ブルジョアジーへの対抗概念として特有のものをもっているのをわかっておられないのか？ マルクスが「資本論」第一巻のフランス語訳において、ブルジョワジーとシトワイヤン＝市民との関係に悩んだことをはじめとして、Dominique Schnapper は一連の citoyen 考察をなしていますし*、米国でも citizenship に関する考察は深化しています。つまり、そういう政治哲学の傾向に対して、ボルタンスキーは既存の実定化されている社会科学的概念を、実態と理論対象との関係においてずらしたのです。

シテは英語では City になります。しかし、都市論ではない、資本主義において働いている精

*Dominique Schnapper, *La communauté des citoyens* (folio, Galli mard, 1994)、など。

神 esprit を政治哲学言説とともに対象化したのです。とくに、国家／市民社会／市場経済の階層的な構成体からずらしています。「階級」概念を消しています。人の経済活動は、給与の物的刺激だけではないし、ただ営利追求だけではない、いろんな情念や考え方が絡んでいる。それをどう理論対象化するかです。「シテ」はそれをあざやかに概念化した。

「シテは、一つの世界における行為の諸可能性を限定づける制限的諸形式として現れ、それゆえ、その論理を包含しまた正統化する」(p.161) ものと言っています。限定づけの規定ですが、その内部には場所的な概念的可能性を包含しているのです。「正当化 justification」の理論*からの探究です。「正統化 legitimation」が固定的に価値化される「正当化」と言っていいでしょう。

わたしは批判理論読むとき、そこで批判否定されたものを明証に把握して、語られてえていない可能条件を規制的に取りだす読み方をします。批判にとどまっていても意味ないですが、批判考察もなしに可能肯定を提示しているものを信用しません。理論生産するときに理論選択は非常に重要で問題構成を規定してしまう。評判だから売れているからとかの商品的判断ではない、内容の質の資本判断をしていかないと学びはなされない。

## 「資本主義の精神」と「偉大さ」のエコノミー

「資本主義へのコミットメントを正当化するイデオロギー」「資本主義的秩序と結びついた信念の総体」をボルタンスキーは〈資本主義の精神〉としています。とるにたらない賃金の物質的動機だけで、それは成り立たない。仕事への情熱は報酬を増やすだけでは不十分です。個人

* ボルタンスキー『正当化の理論』新曜社。「シテ」の構成要素は、①共通の人間性の原理 principe de commune humanité、②非相似の原理 principe de dissemblance、③共通の尊厳性 commune dignité、④偉大さの秩序列 ordre de grandeur、⑤投資の公準 formule d'investissement、⑥共通善 bien commun です。

の「使命感」が、生活を営み、家族を作り、子供を育てる、その「最低限の保障」の不可侵の領域が提供されることと同時に、企業活動での使命感に一致して、しかも社会的な「共通善」が実行されることが要されます。「共通善」は「共通財」でもある、つまり〈資本〉ですね。

ヴェーバーのプロテスタンティズムの倫理が、世俗的労働によって宗教的義務が遂行される個人的動機の正当性を示したことに加えて、ハーシュマンは社会政治的な利益が営利活動に「栄誉」を与えてきた共通善を立てました*。これをボルタンスキーはふまえます。

「利潤を生むものは全て社会に奉仕する」ということから富の増大のみが共通善の規準になってきた。貪欲、強欲だった金銭欲に対して、金儲けは憧れや栄誉あることに転じられたのですが、攻撃的な情念が別の無害の情念にとって代わられたためです。強者も弱者も、多くの人の利益になりかつ日常の道徳的体験に一致する、物質的な進歩、欲求充足の効果、イデオロギーや道徳と無関係な経済的自由と市民的な政治的自由とが両立した最良の秩序になっている、と感じられている。それはいかに作られ、維持され、いかなるものとして成りたっているのかが探究し直されたのです。資本主義を正当化するものと別の形で形成されたものとの関係です。

この考察は、資本主義への動機づけ、コミットを正当化して存続させている物事の史的変化に対してであって、資本主義の内在分析ではありません。つまり社会構成が「正当化」に依拠している、そこに資本主義が配置され共通善と正義をもって安全の保障とともに存続する、そ

* ハーシュマン『情念の政治経済学』法政大学出版局
矢野修一『可能性の政治経済学：ハーシュマン研究序説』法政大学出版局

の規範支点を六つの「シテ」として解析したものです。資本主義経済自体に、自らを正当化する論理はないため、反資本主義等からの批判を自らに組みこんでいく。『正当化の理論』（新曜社）と一緒に理解する必要があります。利潤を実現する行為が可能になる行為素があり、それが一般化されるべき反省性と普遍原理をもってこの行為素が判断されている、ということです。

「儲けること」しか考えていない行動は批判されます。また不正が摘発されます。ですから金銭欲から資本主義の利潤追求は区別される〈配置換え dispositions〉をなしているのです。利潤追求を社会統制しているだけでなく、社会における「正義」（権力を制限）へと向けられ、さらに個人の規範にも内面化されているからです。営利・利潤追求は金銭欲の情念ではない。

かつ企業人は認識や会社の方針として利潤追求だけしていると思いこんでいますが、実際には生活や倫理や使命に関わる振る舞いや人間関係などなしている、それを自分のこととして認識しなおすことが、〈資本経済への自覚＝覚醒〉です。よそごとではない、自分自身のことです。

常に、そこでは「正当化」がなされているのですが、それが「正義」であり、その正義を働かせる根拠が「偉大さの秩序づけ」です。当事者が何を「偉大である」としているかです。それは「同等性 equivalence の原理」を規準にしますが、空間秩序の中での時間秩序において、共通の上位なるものを配置させます（食事でどこに誰が座り誰から配るか、というようなこと）。この共通合意が、普遍的な「価値有効性 validité」を有しているのです。

六つのシテは次のようなものです。

①「インスピレーション的 inspirée シテ」は、聖人や芸術家のもつ偉大さで禁欲による身体統御で聖性・創造性・芸術的センス・真正性を表現する。

②「ドメスティック domestique なシテ」は、人格的な従属関係の階層秩序で世代間結合を一般化し、年長者・祖先・父への尊敬と忠誠をなし庇護・援助をされる。

③「名声 renom のシテ」は、他者の意見のみを信用し、敬意をもって依存する。(日本では制度的地位やテレビ出演者や人気芸能人と多分に世俗化されます。)

④「シビック civique なシテ」は、ある集合体の代表者が一般意志を表明する。

⑤「商業的 marchande シテ」は、競争的市場で望まれた商品を提供し、市場試練を乗り越えて裕福になっていることが偉大。

⑥「産業的 industriell シテ」は、効率性を根拠にして職業的能力の序列を決定すること。

こうしたことを「偉大である」としている様態です。細かいことは本を読まれてください、ただし「市民体」と訳されているところは「シテ」として読まないと頭の中が整理されないので注意を。概念空間が暗黙にずれてしまうからです。

ボルタンスキーは何をなしたかというと、資本主義の〈正当化〉が「資本蓄積」にいかにコミットしているかです。促進するだけでなく、制約し妨げてもいるプラチックな次元でのことで、上部構造のことではありません。そこに魅力的な刺激が生活展望を与え、しかも安全であり、倫理的動機づけがなければ、期待や希望を関与した人たちにもたらさないということです。

企業活動で意識されていませんが、個々人の内面に非常に強く実際に作用しています。しかし、日本では「情念」がかなり違いますので、「正義」なる概念よりも「世間体に正しいこと」、恥ずかしくないこと、思いやり、気づかい、さらには「義侠心」など礼儀の原理も絡みますが、この六つの指標は有効です。とくに、⑤と⑥の差異は重要です。それが②への関わり方において規制され、共通善への関与が異なるからです。利潤追求だけではない精神作用が働いている場です。「文化」がこうしたことに関連します。見えない心性や慣習など、言語や幻想をふくめて理解していく必要があるのです。後に第七に「ネットワーク型 réseau」が付加されました。

## マネジメントと知的資本

具体的な利潤追求の蓄積形態と社会秩序の規範的構想との間のズレがかいま見えたり告発される中で、根深く作用していることを観察できます。わたしは、企業当事者たちに、了解不可能ということより、「知ること」への根強い拒絶反応が自己保守的になされる局面を多々見てきましたが、イノベーションを開くには「知的資本」の転移という疎外様態でしか可能ではないと痛感しています。情緒資本ないし情念資本としてのシテを尊重しての新たな知的資本です。ボルタンスキーぐらいは基礎として理解する知的資本です。

知的資本がしっかりしていないと、対象がなんであり、自分が何をなしているのか、わからなくなっている。まして、他者への関与で、命令・指令の管理だけしていればいいとなっています。マネジメント論の分析から、ボルタンスキーは「第三の精神」をネットワーク型のシテとして七番目に取り出しますが、九〇年代のマネジメント論に、移行への示唆が多々あります。

たとえば、⑥の大企業において、ビジネスをしていないとわたしが感じるのは、経済関係アクションが社会秩序の規範の方に依拠しているからで、剰余生産よりも組織秩序の社会的な承認の方が意識において優位化されています。旧習秩序の継承をシテにしている。それは資本蓄積が無媒介的に要請する長期計画や資源蓄積リスク対応において、奇妙な転倒（物象化）として出現します。環境的諸条件は規範的諸条件に転化されるのです。ですから機械生産物から情報生産物へと市場が変容したとき対応できないまま、組織職業秩序の家庭関係的な運用（その逆がパワハラ）と社会規範遂行従属になって、生産性が徐々に落下する事態を結果します。

幹部管理職の六〇年代的な組織マネジメントである企業目的（それが時代錯誤的に遅れ）と社員状態（消費者化で個人化が促進）との間の調整的交通が不能化していくのです。日本のコンサルはほとんど九〇年代のドラッカー以前ですから介入してきてもっとおかしくなる。あるいは海外の目新しいマネジメント論に部分表層的に飛びつく③のシテの変容作用になっています。

資本主義への批判は、否定批判も護教的なものも、ともにずさんですが、ボルタンスキーの考察が基礎です。わたしは、資本主義終焉を主張する人たちも里山資本主義として肯定する人たちも、人新世の資本論を説く人も、ピケティたちも、資本主義を論ずる人たちに、ともに〈資本〉概念が不在になっているとみなします。ハーヴェイは限定ですが資本を把捉しています。

ボルタンスキーは、資本主義の精神／正当化を先行形態からの移行変化で見ているのも、歴史的に「社会」を設定しているからで、しかし、彼がとりだした「シテ」形態は〈場所〉的なもので、近世的・近代的な政治哲学思想と重ねられていますが、それは理論概念として古代的なものにまで拡張しうる方法になっています。

「資本主義」という表象はあっても、それは理論概念ではないため、こうしたことが起きてしまう。実際に、資本主義は己が正当化のために、「第二の精神」の製造業の大企業とその社会分業化において、商品形態に表舞台を譲って、資本総体を労働と資本（生産手段／資金など物質的なもの）に分節化して、資本自体の身を隠し、社会の規範正当化へ依拠して、蓄積過程を進行させた*、その限界に現段階である、ということ。資本蓄積の規範は無道徳的だからです。

その限界の突破は、資本主義／自由主義への反として出現したコミュニズムとファシズムの統制経済にあるのではなく（この三つは円環します）、〈資本経済〉そのものを〈場所〉出現させ

* 資本の蓄積過程は、David Harvey, *Limits to Capital*(Verso, 2006)が明解。けだしマルクス主義であるため、資本を悪とする理論効果を省いて読まれたし。

ることにしかありません。それを妨げているのが文化を一般化して商品化さえしてしまう、「社会」を実定化して社会的アイデンティティに主語化＝主体化している社会エージェントの振舞いです。それはしかし、もう自らが立脚した「安全」にはないのです。

## 「社会的なもの」なる概念と「社会」を非実定化すること

――ボルタンスキーやアーリなどの理論成果に加えて、「社会的なもの」からその実定化を問い返したドンズロやラトゥールの意味を説明してください・・・

ドンズロには1999年に彼の自宅でインタビューしたのですが、非常に聡明な人です。家族に社会がいかに介入してくるかを考察していましたが、「社会なるもの」それ自体をはじめて問い返したのはドンズロです*。2020年、ようやく邦訳が出ましたからもう読めます。ただ、根本的な理解の仕方がずれていますから注意して読まれてください。「シテ」が「国家」と勘違いされてしまう（これも「社会」の概念空間が訳者たちを捉えたままだからです）ことで、社会をいかにうまく作るべきかの観点に邦訳は無意識にずれているのではないでしょうか。ドンズロの理解そのものが、福祉国家と暗黙のプロヴァンスと「シテ」にあるため、国家と社会との統治関係をいかに理解するかで、立場が分岐してしまうのかなと感じます。つまり批判理論を

*ドンズロ『家族に介入する社会』新曜社
『社会的なものの発明』インスクリプト

どう引き受けるかです。

どうしてそうなるかというと、社会を「想像的なもの」ととらえたカストリアディスと「想像的共同体」を設定したベネディクト・アンダーソンの概念的世界に典型ですが*、「社会」がネイションとともに理論的に実定化されているためで、それが国家と社会とを対立的に設定する市民性を解体するものとなって作用していた、そこに「社会的なもの」が表象されてきた、その現実的で理論的な水準を突破することが要されるからです。「社会的なもの」の肯定的な作用が歴史段階では実際にあるからです。

ドンズロのわかりにくいというか逡巡している序文にそこはよく出ているのですが、「政治的なもの」がもう既存の土壌にはないための思考の試行なります。わたし自身もそうでしたから、よくわかります。歴史的精神分析と政治的精神分析だとドンズロが言っていますが、心的なものと政治的なものに精神分析的考察を導入していかないと解けない閾があるのです。吉本隆明さんは「幻想」論でそこを突破しましたが、社会諸関係はそれでは解けない。ドンズロにとってはフランスの「共和制」と市民的民主主義の次元を越えるべきものになります。想像的なものを精神分析で、物語として歴史規定的に解くということです。

わたしにはラカンの精神分析理論を領有することでした。「社会的なもの」を疎外表出させた根拠を問う仕方です。そのとき、今はもう下火になってあまり必要ないですが、知的おしゃ

* カストリアディス『想念が社会を創る』法政大学出版局
B・アンダーソン『想像の共同体』NTT 出版

べりであるポストモダニズムへの対決的姿勢があることは思想史的に大事です。

ドンズロの考察には、いろんな課題がヒントとして出てくるのですが、一番の要は「経済的なもの」と「社会的なもの」とを積極的に循環させ調整していく「社会的なものの自律化」の指摘です。これを肯定的に見てしまうと先がない、わたしはクリティカルに了解しました。

ドンズロを批判肯定的にわたしは踏襲していますが、「福祉国家は、社会的なものの名によって構想されながら、社会の実質的な生を犠牲にして発展した」という批判指摘から、逆に「社会」を良しとして設定してしまう傾向をもってしまう誤認です。社会がまだ未熟の低開発国の指針として活用されてしまう。その後の彼の都市論をもって、都市を社会としてちゃんと作ることだ、と理解されてしまう。Faire société という「社会する」「社会を作る」という言い方をのちに彼はしますし、cité 論も論述します*。ここは、非常に両義的で、社会の欠陥を矯正する「社会的なもの」の負の結果を「社会」と対立させて考えるか、社会は不可避に社会的なものを自律化する本性にあるとみなすかの分岐をもたらします。

社会の外的な作用と社会内部の崩壊的な矛盾、そこで社会なるものが個人より優位の原理になっていることが問い返されている。西欧人は四〇〇年以上かかって形成してきた「社会」に希望をまだ託していますが、わたしはメキシコのバナキュラーな存在とジュネーブのパブリックなあり方とから、「社会」には限界があるという見解をとります。つまり、社会を「社会的

*ドンズロ『都市が壊れるとき』人文書院
Jacques Donzerot, *Faire société* (seuil, 2002)

なもの」としてドンズロはその本質を相反的に露呈させたのです。ドンズロと議論したとき、彼はこの指摘に正直驚いていました。それが、お前は俺の先をいっていると彼が言った意味です。自慢話をしているのではない、物事の本質、つまり「社会的なもの」のシニフィアンをわたしはドンズロから学んだのです。わたしは社会を再実定化するのではない、非実定化すべきだとメキシコ、ジュネーブの経験から確信していますし、「社会」に変わる〈場所〉を再実定化していかねばならないと、福井や十勝のプロジェクトでの現実経験からも考え合わせて、国際セミナーを、ラビノウやジャン・C・パスロンやエドワード・アンドリューなどと遂行してきました。ドンズロに、国家の概念的な古さ、経済理論の不在を感じていますので、そうなります。
でも社会そのものを見直す契機はドンズロだったのです。世界的に問われています*。

## 経済と社会との合致

――社会的なものと経済的なものとの関係は、どう考えられているのですか？

商品／サービス経済は「産業〈社会〉経済」であると、わたしは概念化していますが、社会を作っていく「経済」として機能していることがポイントです。
商品自体は「社会」ではない、物質的な物です、それが生活の中で浸透していくべく「社会」

* Patrick Joyce(ed.), *The social in Question* (Routledge, 2002)

の物質的な地盤に実体的かつ関係的に組みこまれています。商品で暮らす社会生活ですが、反転して商品なしの生活が考えられえなくなる。それは最小限のものを「より安くより良くより多く」です。暮らしに便利になったのですが、量産ですからどこでも同じ物になり、それが社会の均一空間に合うからです。つまり商品生産様式は社会生産様式と合致させられうるのです。

そしてサービスは社会サービスとして、教育、医療、輸送などを人々の生活に供することの「社会」をつくります。誰でもどこでも同じ社会サービスで、しかも制度による社会統治です。

物質的商品生産と制度的サービス提供とを組み立てているのが「社会なるもの」です、つまり経済的なものになって「社会市場」を構成しています。快適で便利な「社会」を安全に規範的に作ることが経済なのです。社会サービスは同時に商品化されて経済マターになっている。

ところがそれは、いわゆる「社会」という集団的な法的・規範的な構成体ではない、基盤の「社会的なもの the social」なのです。つまり、「経済的なもの」と「社会的なもの」を調整している進歩・発展へ向けた「社会」生活になっています。ドンズロの先を行くということが、ここです。福祉国家という実質化不可能なものが働かせているいろんな作用ではなく、実際的な「社会生活」を社会エージェントとして主体化することで生存可能に実際になされていることです。

「社会」なる実態はないのに、あたかも実在するかのように自然性化されます。社会の中に「生」=生活があるとしている物象化です。個人と国家とがそれによって結びつけられます。「社会」

という空隙は、商品によって物質的に充満され、社会エージェントによって規範的に実際に営まれる。しかし個人が責任を喪失してしまう（セネットの言う「パブリック人間の落下」）。一つのことが一般拡大化され、かつ個が無視される、つまり個的実在が消されるのが「社会」です。規範化が社会規則化されて、社会エージェントは他律的に従順に従い、自分を無くして代行的に振舞うのがタスクになる。この「社会なるもの」の実定化によって忘却されたのが、個的な具体の〈資本〉と〈場所〉です。〈もの〉の「こと」化は、社会における商品／データとなることです。

国家と個人との間に配備された「産業〈社会〉経済」の「社会」統治は、「産業的なもの」を埋め合わせているだけですから、多くの矛盾を抱えこみます。それを一言で括りますと、目的に反する結果を生み出す〈逆生産〉です。利益を追求するほど損失が生まれる、制度化を促進するほど自律性の不能化が生まれていく、統治するほど統治から溢れていくものが生みだされます。環境汚染もその一つです。「社会的なもの」は逆生産性を内蔵している。ルールを守るためにルールを破る。データ改竄や公文書改竄はその典型ですが、日常で起きてきます。

さらに、ここに新種の社会的な作用が介入してきます。「情報流」です。情報技術が実際の経済的なものと社会的なものとの間に介在して、社会生活を変えてしまいます。スコット・ラッシュが言う「情報のゴミ」が氾濫する*。「こと」情報が真理であるかのような転倒でもある。

「社会」をどう対象化し客観化するかはいろんな論者がいますが、そもそも実体ではないも

* スコット・ラッシュ『情報批判論』NTT出版

のが実態的な存在であるかのように思いこまれます。国家が吸収しきれない領域なのですが、国家が決定できずとも諸関係を規制している領域で、集団的・共同的な次元ですが個人化水準で行使される。（たとえば、車が一台も通っていないのに赤信号で一人待つ個人。）

実際は様々な制度機関が構成されており、役所や企業や学校や病院、さらには家庭などが固有の動きをなしえていますが、法的秩序の下で〈規範化〉されています。規範化社会です。「社会生活」の場であるとされますが、諸個人が「社会人」として生存していく場です。いろんな立場の個々人がおり、いろんな利害関係があり、いろんな集団がありますが、それらの違いを共同的に均一化する役割がある。同じ規範下で「どこでも誰でも同じ」であることです。暗黙に、「平等」のイデアが「機会均等」を重ねてなされますが、実際は差別構造化になります。

――ラトゥール*の「社会的なものを組み直す」からはどのようなことを考えられたのですか。

これは刊行直後に英文で読みました。社会の実定性に対して五つの不確定性が発生している、グループ、行為、モノ、事実、テクストにおいてですが、これらを社会還元して説明する批判理論を批判していますが、言われたシニフィエしか確かなものはないが、そこにactorが他なるものとして作用しているという、一種の演劇論的なもので、正直、深みがないですが、「社会なるもの」で説明した気になるな、という指摘は大事ですし、そこで作用する社会的なもの

* ラトゥール『社会的なものを組み直す』法政大学出版局
『近代の〈物神事実〉崇拝について』以文社
『虚構の「近代」』新評論
『科学が作られているとき』産業図書

が照らし出されます。ある意味、社会の実定性からはみ出していく物事です。しかし、社会はこれらを規範性において包含していきます、そこに葛藤や矛盾が発生してくるし、語られずとも権力諸関係や規範性や正統化などが作用しているのは、当たり前のことでしょう。見えないものは事実ではないというのは、ただの知的な無知ですし、シニフィアンなしにシニフィエは成り立たない。平等や公平、平和、機会均等、などの理念はことごとく裏切られても、それを規範化し個人化して、社会はエージェントの行動(=actor)において一般化していく。ここは、ラトゥールだけ見ていては把捉されません。個人化なのにみな同じという物象化構成です。

そして彼は、「社会的なものをフラット状態で保つ」として、三つの手立てを出します。

①グローバルなものをローカル化する、②ローカルなものを分散させ直す、③複数の場を結びつける、です。わたしが場所の自律性と多元性の繋りとして述べていることに照応していますが、これをわたしは「ローカル」ではない「場所place」として、都市論や建築論の空間論から出されたものから捉えなおします。一般に、都市論全体が驚くほどただの社会論なのです。そこがドローレス・ハイデンやDoreen MasseyやNigel Thriftなどから「空間論」ともにPlace論と資本として提示し直されていきます*。「社会」概念からの離脱です。

ラトゥールは〈actor〉のネットワークとして主体論的に考えますから、場所／空間論がないのです、演者には舞台装置があることさえ見ていない、機能論だというのはそういうことで、

* Dolores Hayden, *The Power of Place* (The MIT Press, 1996)
ドリーン・マッシー『空間のために』月曜社
Doreen Massey, *Space, place and gender*(polity, 1994)
Nigel Thrift, *Knowing Capitalism* (sage, 2005)
エドワード・W・ソジャ『第三空間』青土社
ニール・スミス『ジェントリフィケーションと報復都市』ミネルヴァ書房

行為問題ではない闘を対象化しておかないと主体論になってしまう。個的主体の可能条件を探っている西欧的思考です。それは現象でしかないし、現象学以前のロジックです。

ますます、わたしは場所論の重要さに反面的に確信をもっていったのは、この書へのクリティカルを通じてです。「社会なるもの」を批判的に考え整理する素材にはなりました。反証的に重要な書です。言語には音韻がありますし、分節化しなければ見えないし、ラングは国によって違う。「語られた」言語対象を取り上げながら、言語理論がまったくないで、ネットワークを論じてもしょうがない・・・・。粗野な社会還元論への批判としては有効ですが。

また、ドンズロもラトゥールも〈パブリックな場所〉概念がないのです、フランス「社会」で無理もないと思いますが、ジュネーブにいたことで、彼ら西欧の局地性が見えてしまう。もう一つ、人類学的なものを踏まえていますが、〈バナキュラーなもの〉が見えていないのです。わたしのメキシコからの視座ですが、思想的には吉本さんが主張した〈アジア的ということ*〉の喪失です。「語られたこと」は文化によって違ってくる。本質的な問題です。

——日本の「社会」は文化土壌からして特殊だということですか?

いえ、「社会なるもの」として日本近代化の方にむしろ本質が露出しているということです。アジア的な特徴として国家なるもの／支配なるものは上に乗っかるだけで下に手をつけな

* 吉本隆明『アジア的ということ』筑摩書房
わたしの解題論考が所収。

い、坪井洋文さんが指摘した「オホミタカラ」と「クニブリ」との重層構造になっていて*、これは西欧の「国家」と「市民社会」の二重性とは異なるのですが、後者が「対立的」な政治作用を働かすのに、前者のアジア的特徴は調和的関係になる、貢物や歌謡を献上するのです。「国家」と言表発語されていなくとも、国家共同幻想的規制はうけるし、市場規制を受けます。

社会科学が大事なのは、肯定であれ否定であれ、「社会」を浮き彫りにするだけではない、その実定化のシニフィアン根拠を明るみに出しますし、幻想や妄想や意識や心的なものは見えないが作用してます。文化論のない社会科学は無味乾燥ですし、不十分な考察にしかならない。バナキュラーな文化様態、つまりは場所の文化の多様性を「社会」均質にナショナル化し特殊化してはならない。「社会なるもの」への批判考察をしっかりしておかないと、日本文化論のほとんどがおかしている表層の一般論か情緒だけの指摘になるだけです。それは、暗黙に、西欧社会を良しとして規準にしていて、そこから「和文化」を考えているに過ぎないのです。「和服」も「和食」も「和菓子」も「和楽器」もないのです。そういう一般性は、場所文化を捨象したナショナル社会の特殊化現象であって、「文化資本」としての本質を見落としています。

資本経済は、商品社会で喪失されてしまった「日本の文化資本」をふまえてなされる経済的な活動です。それは「社会的なもの」ではなく「場所的なもの」に立脚することです。商品の物体の根源に必ずある「物質文化」の使用価値文化をふまえて、〈もの〉の心性・情緒・幻想

* 坪井洋文『民俗再考』日本エディタースクール出版部
『稲を選んだ日本人』未来社

からアクションしていくことです。産業社会経済に関わりなく日本が形成してきたものです。

## 日本文化の根源と場所

マクファーレンやサーリンズが、社会史や人類学から、資本主義が古来からあることや、経済活動の本質を初源から示したように、経済を古代さらに前古代から考えていかねばなりません。《場所》は少なくとも何百年、何千年の歴史資本を文化・環境において有しているのです。

## 記・紀の幻想空間の違い

しかも統治心性の幻想空間として神話作用が、古事記の場所多元的な空間配置に対し、日本書紀の一元的な幻想空間配置と二つある。古事記の神体系と書紀の神体系はまったく違う*。

そこに日本書紀は「葦原中国」という一元統治空間を主なるものとして配置して、その内部に出雲／日向／倭があると組み立てます。一つの空間の中の地方としているのですが、古事記では、それぞれ別の場所での出来事です。いちばん大きなことは、神武天皇の妃になるのは古事記では大物主の娘ですが、書紀では言代主の娘に転じられます。場所の神である大物主ではなく、言葉によってどこにでも存在する言代主なのです。他にもいろいろありますが、それは

* 山本哲士『国つ神論』EHESC出版局
『吉本隆明と「共同幻想論」』晶文社
神野志隆光『古事記と日本書紀』講談社現代新書
『古事記の達成』東京大学出版会

わたしの『国つ神論』を読んでください。神野志隆光さんは文献的に違いを明証にしています。

わたしは友人のアウスティンがメキシコのアステカ神話に対してナウアの神話体系が別にあったと解明したことがきっかけになっています*。ナショナル神話と場所神話との幻想構造の違いです。しかし、日本は統治する側がこの二つを叙述したのです。非常に神話として高度だと思いますのも、統治技術に活用されていく幻想プラチックになっているからです。

この「葦原中国」の一元性が近代の社会空間に心性一致していく。そして、その中にアジア的な特徴が古事記的空間としてそれぞれ配置されるのです。これは〈社会〉を実定化する上で、非常に大きな作用をもち、天照大神を近代で皇祖神化することにおいて再構造化したのです。

その前に、平田篤胤やさらに本居宣長も「三大考」に同意して、天／地上／地下の三層垂直空間を幻想言説配置しています**。神話解釈が近代編制と一致していくものが準備されていたのです。この階層構造が、近代社会と対応しえていきます。国家／社会／経済的土台です。

すると、規範化が社会実定されていく上で非常に幻想効果を出す。共同規範が「社会」空間で作用して個人受容されるのです。日本人はとてもディシプリンがあると、世界の人たちが認める特質（個人幻想と共同幻想の合致）が自然性で構成されます。車の影が一台も見えない赤信号で、一人立ち止まっている光景が典型ですが、誰が命じているのでも強制しているのでもないのに、自発的に規範にしたがいます。今度のコロナ禍での「自粛」がそうでした。強制さ

*A・L・アウスティン『カルプリ：メソアメリカの神話学』EHESC出版局

** 金沢英之『宣長と「三大考」』笠間書院

れていないのに、みなマスクをする。自律性とも言えますが、しかし、わたしは他者からとやかく言われたくないからマスクを外ではします。他律的ですが、自律性を喪失はしていない。知的に、書紀空間＝社会空間に対して、場所的なものを自律的に配置している振る舞いです。

日本固有と言える古代の神話幻想構造と近代西欧の「社会」というまったく異質なものが統合していくのは、ルイ・デュモンが「異文化受容過程*」として示した歴史的な構成に従ってわたしは考えていますが、どちらもが適応性をもって増大しえていくのです。

## 日本語には主語はない、述語言語である

こうした過程をさらに可能にしているのが、言文一致以降の日本語の「主語制言語」化です。日本語に主語などないのに、皆、主語があると自分の言語を認識している。「〜ではない」ものを「そうである」と実定化しているのが「社会」編制の本性です。とくに助動詞を徹底的に変えてしまった。藤井貞和さんが指摘していますが**、「き、ぬ、けり、つ、たり、り」などを「た」だけにしてしまって使いこなせています。係り結びでしかなかった「は」が、主語の「は」だと一般化されている。構文として「は」も「が」も「も」も主語機能ではないのにです。

共通語から標準語そして国家語として「社会」空間で交通する言語使用がなされていることも社会の実定化の根源様式です。その効果は、社会も主語も「葦原中国」も、「無い」もの

* ルイ・デュモン『ホモ・ヒエラルキクス』みすず書房
『インド文明とわれわれ』みすず書房
『個人主義論考』言叢社
** 藤井貞和『日本語と時間』岩波新書

が「在る」かのように自然化されたのです。これは道徳作用、イデオロギー作用よりも根源的な変容転換なのです。認識・認知構造を心的なもの・感覚的なものから思考形式、行動様式まで含め変容したからです。唱歌のリズムも歩き方もです*。それはいまだ述語的に語り書いているのに、主語だと思っている様態です。行動の物象化が言語物象化から根源的になされているから、商品経済の物象化や社会構成物象化を現実性としてこなしていけるんだといえます。

述語様式はなくなっていないのに、主語ではないものが主語であるとされてしまっているのも、国家資本化へと外化されているからで、構文それ自体のことではないのです。この仕方は、資本主義が正当化された仕方と同質であることを示しています。その効果は、「それ自体」を考えなく当たり前だと自然化＝物象化してしまうことです。内部へ向かう自己正当化と外部へ向かう普遍化を装った一般化です。言語学の「一般文法」「一般言語学」の機能がそこに働きますが、これは外在的なものなのに内在的なものであると作り出す言説です。**

こうしたことが人々の日常的なプラチック（実際行為）おいて適合していくのです。外在的な規範化は内的な自己規範となっていきます、つまり「従う＝主体化＝subject」＝主語化されるのです。言語も廣松哲学のような似非〈もの〉の「こと」優位転倒として論じられます。

簡単に語っていますが、それを考証するのに、日本論として三冊（『哲学する日本』『〈もの〉の日本心性』『国つ神論』）、国家論として五冊*、さらに日本語論として三冊のうちの第一巻を、

* 小倉朗『日本の耳』岩波新書
** 山本哲士『述語制の日本語と日本思想』EHESC出版局

わたしはそれぞれ分厚い書で論述しています。社会が実定化されたことを解析するのに、それだけ要されました。国家論はマルクス主義国家論にほとんどの人が暗黙知のように知性常識化してしまっていますから、天皇制国家論の粗雑さへの批判もかねて、徹底して理論生産したものです。「天つ神」共同幻想と天皇とは違うのです。天皇系は天つ神を上手に系譜だててかつ国つ神とを共存させた幻想構成をなしたのです。「文化」や「資本」を「場所」をふくめてしっかりと考えることがたいせつです。大学知の低い知性で、あまりに思考や言動が汚染されています。吉本共同幻想論を一〇〇頁たらずで論じる知性低下には呆れるばかりです。

見直す上で、哲学としては西田哲学の「場所」論、坪井民俗学、折口民俗学・国文学です、柳田民俗学ではない。和辻哲学はナショナルな「社会」論でしかありません、ひどいずさんな論述です。日本語論は、富士谷成章、本居春庭、鈴木朖などに加え、近代の松下大三郎、佐久間鼎、三上章、そして金谷武洋、浅利誠、藤井貞和です。時枝文法や橋本文法ではありません。仕分けていく知的資本がないと、正鵠な理解に至らない。日本を正しく捉えた言説です。日本の思想(史)は吉本隆明さんであって、擬制言説の丸山真男ではない。小泉文夫の『日本の音』(平凡社)なども非常に重要な指摘です。日本史も社会史としてまさに書き換えられている途上ですが、ヘーゲル的な歴史観がまだ彷徨っています。場所史観がないからです。「社会」にシニフィエされた概念空間で見ている限り、歴史資本は誤認され了解されないと言えます。

*『フーコー国家論』『ブルデュー国家資本論』『吉本隆明と「共同幻想論」』『国家と再認・誤認する私の日常:ラカン理論の社会科学的活用』『〈私〉を再生産する共同幻想国家・国家資本』

## 文化と環境と経済の資本

経済そのものを、商品経済としての社会経済は考えられなくなっている。しかし、それを可能にし成功させてきたのは、「資本の文化」でありその土壌は「環境の資本」です。資本を把捉しないと環境は均質的な経済空間でしか考えられなくなり、文化はただ商品化されてしまい、〈もの〉喪失となっていく。〈もの〉が「こと」化され、転倒した廣松哲学言説が認識になる。

文化と環境を経済は「資本」として考慮に入れていくこと、それが「甦える」資本経済です。文化経済は文化資本経済なのです。社会空間での社会市場や社会統治は場所文化を無視します。環境を物質的に抽象化する。たとえば太陽光パネル。景観を完全に破壊している。景観は文化です、場所です*、それを無視した環境技術でしかないからです。だから風力は鳥を殺すだけだなどという非難で否定される。巨大な風力発電機も文化・景観を無視している。「サステナビリティ」も金融用語です、環境言語ではない。環境論に場所論がないと経済均質空間になってしまう。環境、文化、経済の非分離で述語的で場所的な構成を「文化資本」から構成していくべきです。日本にはその文化技術が存在していますし、日本語はその普遍を表出しうる言語資本です。「顧客の声を聞くように」と言われてきたことは、顧客の資本を述語的にキャッチすることです。顧客はいろんな自分の資本を生かして暮らしワークしている環境と文化に在る。それを主語的に客観的に理解しているのは、語られていない声を聞いていないのです。

* 場所設計の基本は二つある。生態系的に水系を物質的基盤にし、「国つ神」場所幻想を象徴的配置すること。その上で、下部構造的に歩く速度中心の交通体系、自生エネルギー、そして場所金融です。

# 5　消費社会、物質文化、そして市場の本源

商品・物は、衣食住の物質文化が地盤である。
〈もの〉の心性・幻想が、言語や物を生みだす。
市場は経済範疇ではない、生活と場所の環境が市場である。
過剰商品の消費社会の欲望に対して、生命の享楽から生存を考えること。
利益は、人の資本行為から生まれる。

## 市場は経済範疇ではない

### 産業社会と消費社会

――いろんな次元と要素とが示されたのですが、「産業社会」と「消費社会」との関係はどうなるのでしょう?

「消費社会」という概念も実は混同が起きています。正確には「消費者社会」とすべきです。なぜなら、消費者の消費行動が中心になっている社会生活のことだからです。商品の消費現象にとどまらない、むしろショッピングや欲望や快適生活などの消費者行動、その欲望構造が主要な位置を占めます。しかし主体論ではありません、消費者がなす〈消費行動〉および心性の形式のことです。消費局面で作用している商業的な特徴は、規制品を作る産業経済的な特徴とも経済場が異なるのです。製品と商品との違いに、「デザイン」が後者に大きく関与してきますが、デザインは商品だけにとどまるものではないアーキテクチュラルなものですが*。

多分に物事が商品に従属させられてしまう。商品の差異化とか記号化が論じられますが、それも消費行動との関係をぬきに考えられません。要するに「消費社会」は理論概念が実に曖昧な、「消費」と「社会」との経験的つき合わせカテゴリーですが、生産を見えなくさせる

* 河北秀也『デザイン原論』新曜社
楠元恭治『新版 デザイン本質論』EHESC 出版局
『概念芸術の地平』EHESC 出版局

理論効果があります。びっくりするほど、若い人たちには生産現実が自分の現実として感じられていない。また、経済活動は、消費局面でなされるのだと一般に勘違いされています。

実際には、商品とサービスとを消費することにおいて生活が成り立っている「社会」様態です。いわゆる消費者は自分で物生産しない、すべてを〈商品〉購入して生活します。すると驚くほど生産への認知や認識が喪失されてくる。それほど、〈消費者〉社会は生産と隔絶されていき、そこにサービスが消費サポートであるかのように関わってくる。消費者は、消費するエージェントにすぎないのですが、自分が自分であるための生活活動であるとなってしまう。個々人の欲望に応えてくれるからです。生産側には本質的な変化はない産業的生産様式なのですが、消費局面は大きく変貌していきます。よりよいものがめまぐるしく変わって供されてくる。

しかし産業も、産業生産だけの経済局面ではなく、産業生産を可能としていく「社会」編制がなされる「産業社会」となっています。これは、もう示しましたが「社会」を作る産業なのです。その機軸は「労働」集中社会です、社会労働の総動員的編制が地盤です。ここも、社会労働の生産諸関係を可能にすべく「社会サービス」として学校や医療や交通などの「制度サービス」が編制されます。商品の自由、サービスの多局面、そこに社会規範の増殖がからむ。

この「消費社会」と「産業社会」とを、わたしは〈産業社会経済〉としてくくりますが、消費者社会をその究極の形態とします。その基盤は、家事とされてきた、料理、裁縫、洗濯に典型ですが、マルティン・セガレーヌさんやイヴォンヌ・ヴェルディエさんが明らかにした「女の労働」の考察です*。賃労働の社会労働だけではないということです。

夫も子供も当然消費活動しますが、女の労働の対象に夫＝賃労働者、子ども＝学校生徒がなって、彼らを育成する料理・裁縫・洗濯自体が、商品消費活動にほとんど転換されている。出来あがった料理それ自体を買わずとも、その調理に使うのは肉・野菜・魚などみな商品購入ですし、今や衣服を買うだけで裁縫で作ることをほとんどしない、洗濯は洗濯機にぶっこんで完了です。掃除は掃除機からさらに掃除ロボットになっています。女性の直接の身体ワークは軽減されましたが、そこに費やす時間は膨大に大きくなっています。

ここを見失って、消費社会論は、差異的な記号価値だ、痩せた曲線の消費だ、といったところで表層の見方です。ボードリヤール**をわたしがあまり高く評価しないのは、面白い議論ですが、物質文化、文化様態の変容があまりに表層の把握でしかないからです。本質は、「健康」が医療化の消費として増加していることが、大きな要素・領域を占めます。会社員であるためにも、学校生徒・学生であるためにも、主婦であるためにも「健康」であることを要される。病人でさえ「健康」になるよう対応されます。家事労働だけではない。労働概念だけではない。

つまり、消費者社会というのは、産業的な〈商品経済〉と〈制度サービス経済〉とから何も変わってはいない、ただ消費の比重が大きくなったということです。欠如であった商品／サービスが、

* セガレーヌ『妻と夫の社会史』新評論
ヴェルディエ『女のフィジオロジー：洗濯女・裁縫女・料理女』新評論

** ボードリヤール『消費社会の神話と構造』紀伊國屋書店
『生産の鏡』法政大学出版局
『象徴交換と死』ちくま学芸文庫

過剰になっただけのことですが、それによってライフスタイルは大きく変貌しました。家電から個電だと表層で言われたりしましたが、テレビを家族一緒に見ていた状態から、個々人バラバラにテレビを見ている状態です。電話も家に一台でしたが、いまは携帯電話で各人が持っています。消費家電は個人化を促進した、という消費構造変化はとても大きな変化です。

わたしは、その転換のメルクマールを日本では女性雑誌の「anan /nonnon」とディスカバー・ジャパン、おむすびの商品販売に見ていますが、あくまで現象としてです*。家庭画報／婦人画報という家庭を中心にしていた女性雑誌が、外へ出る女性個人の活動の雑誌に転換された。そして旅行レジャーが拡大し、家で簡単に作れるおむすびがわざわざ「商品」として販売されるようになった。しかも、おいしい。消費商品に対する行動の典型ですが、あらゆる分野で商品になっています。今の若い世代には当たり前になっている生活ですが、時代的にこの変化を見失いますと、対象化がぶれて物事自体が見えなくなり、企業活動も転倒していきます。

理論的な転移は、身近な物事の変化を見失ってはなりません。経済学は、この消費者社会の社会行動に対して、まったく時代遅れになってきた。セネットさえ『新たな資本主義の文化』2006で「消費政治」を論じていますがあまりに表層です**。

大学教師になったころ、ゼミ生たちと女性雑誌を解析したのですが、女性が広告対象になっていく、そして、ファッションへと拡大していくなかで、ゴッフマンのGender advertisement

* 山本哲士『消費のメタファー』冬樹社
** セネットの邦訳は『不安な経済 / 漂流する個人』大月書店

を参考にしたのですが、ワーキングウーマンは口を閉じて真っ直ぐな身体で表象されますが、消費的雑誌ではセクシーな女性が口を半開きにして身体を屈曲させます。表象形態が多様化していく。USAの一九二〇年代から家庭の消費化が経済対象になっていきましたが、消費は女性が主なるターゲットです。そこに男性がとりこまれていき、男性も化粧をするようになっていく。必需品が欲望充足品へと変貌していきました。

こうした事態に「商品の差異化」が、家電の枠を超えてあらゆる分野に広がって今に至っています。マルクスの資本論では、商品にならないものに「水」や「空気」があげられていますが、「水」も商品化されます。空気さえ清浄器、エアコンと商品化されます。

いろんな消費社会論が膨大に世界で産出されるのですが、そこで最も重要なことは、商品の根底に〈material culture〉＝物質文化が実在していることです*。これを消費商品経済論をなしている人たちはほとんど忘却しているよう見うけられる。

## 物質文化と使用価値と〈もの〉

――どういうことですか、「物質文化」とは？

たとえば「履き物」が物質文化です。それが「靴」に商品化されます。裁縫で作った衣服がファッ

* Daniel Miller, *The Comfort of Things* (polity,2008)
——*Anthropology & the Individual: A Material Culture Perspective*(Routledge, 2009)
——*Materiality* (Duke Univ. Pr., 2005)
——*Acknowledging Consumption* (Routledge, 1995)
—(ed.)*Home Possessions: Material Culture Behind Closed Doors*(Routledge, 2001)

ション・ブランドへ商品化され、住宅もハウジングへと商品化されます。着る服、家具などは物質文化です、食料も。商品以前に衣食住の物質生活文化が生存次元であるのです。しかもそれは場所環境ごとに違いがある、それが商品で画一化されてしまいます。物質文化の商品文化への変容です。ダニエル・ミラーが消費・環境と関係させて一貫した考証をリードしています。

そしてさらに、使用価値も文化です、豚を食べない文化では豚肉は使用価値になりません。ここはマーシャル・サーリンズが明証したことですが、経済の根源には人類学的な文化様式、その象徴的生産様式がある*。使用価値は経済蓄積にはならないことです。経済は、文化環境を基盤にしてしか成り立たないのに、商品を分離して考えている商品生産様式です。

そして、もう一つは「ショッピング」という行動様式が新たに生まれてきたことです**。昔、「銀ブラ」などがありましたが、それが初発的なものだと思いますけど、今和次郎による面白い調査もありましたが、全国のあちこちに「銀座通り」ができた。それが古くさいものとして衰退していった頃が、消費者社会の実質的な始まりだと言えます。買い物を愉しむ行動における変化です。文化的にこの行動は非常に重要です。もはや〈必要〉を求めているのではないからです。地方の商店街が衰退していますが、近隣生活者の生活必需品を売っていたそのままで、消費的商品の欲望への対応がなせなくなってきたからです。店舗もモダンなデザインにしないと人がこない。代わって、コンビニが生活必需品の提供の場になっていった。

* サーリンズ『人類学と文化記号論』法政大学出版局
** Pasi Falk & Colin Campbell(eds.), *The Shopping Experience* (sage, 1997)
Erika Diane Rappaport, *Shopping for Pleasure* (Princeton Univ. Pr., 2000)
Daniel Miller, *The Dialectics of Shopping* (Univ. of Chicago Press, 2001)

コンビニはUSAで一九二〇年代に始まっていますが、日本では「飲食料品を扱い、売り場面積30㎡以上250㎡未満、営業時間が一日で14時間以上のセルフサービス販売店」と定義されて、1973年ファミリーマート、翌年セブン・イレブン、ローソンができた。八〇年代には小店舗の便利なコンビニが中心になっていく。消費者化と並走しています。百貨店やスーパーとは異なる形態が国民市場へ広範に浸透した。24時間営業という労働時間が社会化され、五十年近くたってそれが社会問題化する限界閾へきていますが、消費拠点が交通体系とからんで大きく転換したマターです。日常生活が商品生活になった決定的なものです。

商売は、多様な商品を最低限の安い物から最高級の高い品物まで、個々人の欲望に即して販売することですが、「消費ニーズ」などが意味をなさなくなって、マーケティングの意味もなくなっていきます。百貨店の衰退、郊外大型店の興隆も、また或る限界に差し掛かっています。

つまり、ここを理論的に把捉しなければならないのですが、それは経済行動の根底には文化行動があるというだけでなく、消費においても剰余価値生産がなされている、人が動いているからです。そこへの理論考察です。そして、物質文化のさらに根底には〈もの〉という心的疎外表出の場がある、そこから「物」が作られるのです。商品次元だけで考えられないことです*。

第一に、〈もの〉を物体としての物に生産疎外し、さらに商品へと生産疎外していること。

第二に、〈もの〉を探す渉猟が剰余を生み出しているということです。生産物の商品への転

* Mary Douglas & Baron Isherwood, *The World of Goods: towards an anthropology of consumption* (Routledge, 2001(1979))
(邦訳、ダグラス他『儀礼としての消費』講談社学術文庫)
ボードリヤール『物の体系』法政大学出版局

化だけに剰余生産が関わっているのではありません。消費はコミュニケーションになっている。
わたしが明らかにした「欲望の心的構造」は、ただラカンの精神分析現象のことではなく、社会的な経済行動として、「欲望の剰余価値生産」がなされているということです。ラカンが〈剰余享楽〉をマルクスの剰余価値の概念から引きだしたことの意味が、世界的にもわかられているように思えませんが、わたしがはっきりと示したことです*。欲望構造は、個人の心的世界が市場や国家とからむ社会編制に配置されているのです。

商品経済の魅力は、剰余享楽の欲望への転移があるから氾濫していきます。その複雑な構造メカニズムを明示しました。つまり「消費＝生産」ということに再生産構造が欲望の心的世界まで取りこんでなされているのです。消費自由の誤認がそこで再認され続けます。

よろしいでしょうか。利潤はどこから生み出されてくるか、商品交換からだけではない。それは労働と資本との領有法則の回転において経済関係では生まれるのですが、それは生産物の物体だけのことにとどまっていない。そこに働いている〈資本〉概念が、忘却されているのです。資本は資本家が所有する生産手段だと思いこまれています。その要素はありますが、〈資本〉は労働（力）への関与だけではない、消費面の欲望へも関与しているのです。使用価値も個々の消費者のショッピング行為も、また物質文化も、〈もの〉もみな〈資本〉の関係であるのです。こうした**〈資本〉の原動力は欲動の剰余享楽です。**「**商品**」**は欲望構造です。**ともに、測定不

* 山本哲士『国家と再認・誤認する私の日常：ラカン理論の社会科学的活用』EHESC出版局
ボロメオの輪の社会 / 国家の構造は、『〈私〉を再生産する共同幻想国家・国家資本』を参照。

可能な領域にある。ですから、ほとんど経験則や思いつきで企業の経済活動がなされているまでです。経済をコストパフォーマンスで考えているのは、ほんの一部を切りとっているだけですから、そんな企業活動は経済をなしていないのですから閉塞していきます。

つまり、商品を作り出すことを可能にしているもの、その基盤の総体的な作用があるのです。こうしたことから一番根源的な問題が出現します。それは市場と経済との関係です。商品が売れて消費される場が市場だと思い込まれているでしょ?! 大変な誤認です。

## 「利益」を見直す：剰余価値と剰余享楽、そして欲望の消費構造

――「市場」の前に明らかにしておきたいのですが、消費行動に「欲望」と「享楽」とはどのように構成されているのでしょうか？「欲望」と「享楽」とはどんな関係にあるのでしょうか？

非常に本質的な問いですね。

消費社会への批判は、「消費財の豊さは真に生きられるものを貧しくする、それは物品で与えられるだけで、その物品は消費されるつまり破壊される、物品への愛着を抱くことができない」とされます。ところが、実際の感覚はそうではないでしょ。そのような破壊可能なことより、得られる快楽の方が大きいし、真に生きられることよりも楽しいことの方が大事だ、となっ

ています。つまり、生において、何が構成されているのかです。物品のことではないからです。「享楽」というのはとてもわかりにくい概念です。ラカンでさえ10通りぐらい概念空間が違っています。わたしが申し上げたいのは「享楽社会」などは無いということです。「欲望社会」は構成されます。ここも〈資本〉と〈商品〉とが概念空間で識別されていないために、社会概念が曖昧に拡張されて誤認されてしまうところです。

「享楽」とは、快楽を味わうことだと実体化されてしまうから誤認がおきます。「享楽 joissance/joyfulness」は「快楽 pleasure」とも「欲望 desire」とも違います。「享楽」は「剰余」なのですが、この剰余は余ったものではなく、余ったものを生み出す剰余のシニフィアンです。ラカン論者、とくにアングロ・アメリカのラカン論者は、シニフィアンをほとんど忘却してシニフィエでラカンを解釈しています。日本のラカン論者も多分にそこに汚染されているように見えます。

享楽は、「対象 a」です、「空」です、「穴」です。これは、主語論思考の人たちにはほとんどキャッチされないようですが、述語的思考で考えないと「穴」を実在化してしまう。それは日本で言う〈もの〉です。ラカンでは〈Ding〉としてちゃんと考察されています。シニフィアンには実在はない。さらにシニフィアンス signifiance はシニフィエを持たないのです。シニフィエしか対象にしていない大学人の思考では考えられえていないものです。

「欲望」もシニフィアンですが、その構造は「ランガージュとしての無意識」に配備されます、無意識の欲望です、「大文字の他者の欲望」です。実態などない。商品はこの実態のない欲望を物の世界へ固着させているから魅力があるのです。商品生産を侮ってはならないのは、この曲芸（とわたしは言いますが）をなしているからです。欲望がそのように働くには、快楽原則と現実原則の反転を結ぶ「社会」というランガージュが必要になります。ここはもう、ラカンを逸脱していかないとならない理論閾ですが、快楽は「善」の作用だという媒介からです。ラカンはマルクスをフロイトに匹敵するほど読みこんでいますから、実に経済理論となっている。

商品を批判的に観た「物象化」概念がありますが、社会関係が商品関係に侵食されて転倒し、フェティシズムになっている指摘ですが、とても不十分です。商品は魅惑的なのです、誘惑的です。でもボードリヤールの浅い思考ではない、心的な構造と物的な関係構成とをきちんと把握せねばなりません。そこに剰余享楽と剰余価値との理論が生産されねばならない。欲望のシニフィアンがそれを結びつけます、あるいは分節化すると言ってもいい、同時的に遡及的になされることとです。因果関係にはない構造です。物象化は消費者には快楽なのです。そして快楽の「善」作用は規範と結託します、社会がシニフィアンしていく。

享楽には他者も主体もいません。〈もの〉からの心的疎外のシニフィアンです。そこに対応するのが実は「資本」です。資本は享楽に配置されています。

わかりやすく言いましょう。例えば「美」です。美は資本です。それが欲望を媒介にして「化粧品」や「ファッション」に作られます。その作られたものを使用することに「快楽」があるのです。欲望を満たしてくれるはずの快楽です（しかし、実際に欲望充足は不可能です）。

美そのものの実体はないですが、その享楽のシニフィアンが商品や芸術作品へ疎外表出されてシニフィエとして感知されるものになりますが、欲動による生産です。しかし、この疎外表出は遡及的なのです、近代的な因果関係ではありません。それが「構造」の関係構成になります。

「欲望」の遡及構造がいかに構成されるかをわたしは社会科学理論として明らかに示しましたが、それは社会のランガージュがあってこそ疎外表出されるものであって、心的内容主義で考えられるものではありません。つまり、欲望の構造は「社会」の構造なのです。社会はしかし規範化されていますから、欲望を抑圧すると見なされてしまっています。でも、欲望は主体化され個々人の内部に欲望がある、というように。しかも氾濫している。

**規範社会は、欲望社会である**ということです。それを司っているのが商品の魅力です。商品は一見すると自由自在、勝手に作られていると思うでしょうが違います。非常に規制されています、賞味期限とか、毒性の排除とか、医療的なものを入れてはならないとか、完全に規範化されてい流、つまり快楽への善、でないと欲望主体へ応えられないのです。商品は社会市場で、欲求を超える「欲望」に応じて売買されるのです。商品は社会市場でしか機能しないからです。

享楽はそこには配置されないもっと根源的なもの、自然疎外表出です。

ここは、言語理論がはっきりしていないと、ほとんど誤認がなされるだけだと断言します。読みとるにはシニフィエがシニフィアンだと配置される、その隠れているものを探し当てない限り見えてきません。ソシュールを逆転させたラカンです。さらにラカンのディスクールの四つの様態の循環をしっかり把捉していないと、シニフィエ整理しているだけの「大学人の言説」と、企業で多分に支配的になっている「主人の言説」のままで思考されてしまいます。

わたしは商品を否定しているのではありません、商品の本質をちゃんと理解して、その限界を知るべきだと言っています。欲望は「欲する」前に規制されている、商品も規制されています、それは実は剰余を生みださないのです。差額を生み出すことが可能なだけです。剰余を生みだすことへの大事な論点は、物質文化と資本です。使用価値文化です、交換価値ではないのです。

——とてもややこしい思考ですね。

ええ、しかし、それが現実です。物象化された世界は「現実〈性〉」の転倒した表層世界で、リアルな現実ではありませんが、現実原則を死の欲動まで含んで快楽原則／善を働かせている。この「現実性」は〈現実〉ではない。ですから現実界は解読が困難であるのです。困難、不可能であるからこそ、探究が要されます。

商品が何であるのかを何も分からずに生産しているから行き詰まる。商品の使用価値／交換価値の価値形態、さらに利潤率と利潤との違い、これらは狭い経済関係ですが、それすらしっかり認識されていない。学者の世界のことだとされていますが、大学人さえ考察できていない。

さらに環境の有用化価値、剰余価値と剰余享楽、という本質を理解せずに、商品そのものも理解していない企業活動になっています。利潤獲得の手段が閉ざされた場合のみ市場の調整に従いますが、市場は「社会市場」でもあるのです。つまり、経済生産とは別次元にあるのが市場です。それが商品経済の氾濫によって、商品市場だと部分理解されているのが現状です。物事のありようを知っていないでなしているのですから、停滞するのが当たり前だと思いますけど。ここを資本主義の悪だ限界だとしているのは**資本の剰余生産／剰余享楽**を見ていないからです。労働搾取批判の軽薄な隠れマルクス主義がマルクス理解として流行しています。

商品を値段が安いから買うだけではないでしょう。嗜好品とか贅沢品とかを多分に買いますね。この購買の心的作用にも経済構築がなされている。安いから買うというところでさえ、物的差異だけではない、心的行動さえ働いてあるのです。〈享楽のシニフィアン〉が作用しているからです。欲望だけではない。十八世紀西欧の「情念」の言説はそこを描いています。当時、知性は信用されていない。いまだにそうですが。商品は知性を相手にしていない！

そして、経済は「商品」世界だけではない、根源に「資本」がある。資本がなければ、商品生産は可能になりません。冷静に観察してみれば、商品世界は粗悪です。それを粗悪にしていないのは資本が作用している〈もの〉だからです。デザインは〈もの〉を表出しているのですけど。

## 「市場」とは何か？

――ブローデルもポランニーも市場は経済範疇ではないということでしたが、「市場」についてもっと説明してください。

繰り返し強調します。産業社会経済の市場は「社会」です。そこは、経済の場ではないのです。なのに、商品市場だと思いこまれています。経済市場だと経済範疇にしたのは、商品経済の物象化と社会の物象化との共謀なのですが、それでも、実際にそれは経済市場ではないのです。「商品を消費して生活しなさい／できる」という社会規範になっている、そこが市場です。「規範化された社会」が市場なのです、商品が市場なのではない。ここを、ほんとにはき違えているのは、学校へ行かないと教育されないというのと同じなのですけど、産業社会経済が見事に意識編制したものです。実際はそうではないのですから。しかも善は最悪なのですけど。商品のパワーがすごいと思うのは、そうではないことをそうであるとしてしまう力です。「社会ニーズがある」と、個々人の一番たくさんの量的な固まりとして設定し、そこに量産商品を売っていく、すると利益が出る、儲かる、と固定してしまった発想です。つまり、ポランニー的にいいますと、市場の駆けひきと折衝をとおして実現される交換関係に経済生活が還元されてしまったのです。そこから、商品交換が唯一の経済関係と規定され、市場は唯一の経済制度だとされてしまった。これは「市場経済の仮定」から見たことでしかありません。

冷静に現実を見てください、たとえばテレビはいくつもの電器会社が作っている、それぞれ違う商品です、なのに、テレビという一般市場があるとしているのが「社会」市場です。それは経済範疇ではない。個々の家電会社からみて商品市場だとされているだけで、生活者からは「テレビが必要だ、楽しみたい、欲しい」という欲望規範の「社会市場」があるだけです。

コロナ自粛で、これが完全に機能停止することが物的なエビデンスとして出現したでしょ。

一番はっきりしたのが、交通機関ですが、それも飛行機や新幹線という遠方移動です。自粛ですから、乗り物にのらない。感染拡大するから「移動するな！」つまり「社会規範」です。乗客もいないのに、3分から5分毎に、ほぼ空の新幹線を運行し続ける、それは規範遂行でしかないですね。それで、売り上げはガタンと落ちた。飛行機は運行もできない、90%以上の減収です。次が飲食店です、「集まって飲食するな！」、社会規範ですね、それで売り上げガタ落ち。病院が、感染者や病人まで拒否する、もう医療経済でもない現象が出現しました。

規範の「社会」市場が、規範によって停止されたのです。経済と対立・矛盾するのではない、そういう経済をしてきたのです。現象だけ見ていても、コロナ感染防止と経済実行とを同時的にやるんだ、とGo toの馬鹿みたいなことをやっているのは、経済とは何であり、市場とは何であるのかをまったくはき違えている現れです。継続か停止かの社会規範でしかない。

この度のコロナ禍で、既存のものは機能しなくなる、世界は変わるんだと言われていますが、事態を理論的に、知的にちゃんと捕まえているように見えない。転倒した意識・認識のまま、そう言って、いかにも対象を否定すれば、分かっているかのようにしているだけです。こういうのを、マルクス主義的理論効果というのですが、理論不在の典型で、大学知性に流通している思考です。ポランニーもブローデルも、ボルタンスキーも読んでいない、勉強さえしていない。

ま、それはさておき、きちんと把捉していきましょう。

まず、原理的=実際的に「市場」というのは生活場です。生活に必要な物が、並べられている「市場=いちば」が生活圏にある、これが市場です。青物市場、魚市場と、産物が暮らしに必要なものとして生活者へ供される。そこに、さらにそれを調理する道具だとか、お皿・茶碗だとかが供される。かつて「築地市場」のようなあの場所、それが市場の原点です。物=商品を売っているではないかというでしょうが、それは商品世界がそこを侵犯したからで、生活の場所、それが「市場」なのです。生存の場所で物流や交換がなされていることです。ですからパンデミックが起きようが震災が起きようが市場は開き続けますね。

メキシコでは大きな「イチバ」が場所生活の中心にあり、周りにスーパーができています。ヨーロッパでは、週に二度くらい、移動イチバが開かれます。すぐ脇にスーパーがあってもです。農産物は、産地直送なのです。

そこに対して、物が商品化されましたから、商品交換がなされる場が市場だと、商品経済は市場を経済空間へと転移させたのです。すると、物＝商品が売買される経済場が経済市場だとみなされるようになった。しかし、それは商品を買って使う社会空間が生活空間だという「社会市場」が作られたことで可能になっている。生鮮食品は商品以前の「物」であるゆえ売れる。

この三つの次元は、違うマターであるのです。

その関係編制をまとめていうと、商品経済市場があるんだ、それは実際の市場を喪失させて、経済市場へと転じている、しかし、それは本来的に社会市場であって経済範疇ではない、ということです。商品流通と社会規範構成とは手を携えて進むのが「国家の社会化／社会の国家化」の統治技術ですから、それはまた、平和経済規範となって、多くの人々に受けいれられました。

しかし、「社会」生活者は、生産者であることと消費者であることが分断されていることで可能になる、それが賃労働の社会的な役割です。つまり、社会市場の基盤は賃労働社会です。

消費者社会はその「社会市場」をさらに細分化／微分化しました。社会エージェントの個人化です。そして、商品が売れる「商品市場」を経済対象にして企業活動がなされてきました。

つまり、物・物資が欠如していた生活状態において、最低限のものをより多くの人たちに供するという新たな規範「市場」を経済的に、生活市場ないし場所市場から離床させて、形成してきたのです。それは、現象は商品市場に見えますが、実際になしてきたのは「社会」市場形成です。「社会」が成り立たないと商品市場は開かれない。経済人類学が明らかにしてきた世界です。消費社会論と経済人類学とが並行的に開削されてきたことは、その学術上の現れです。

その「社会発展」にとって障害であったのが、場所ごとの生存生活です、場所の環境的規制性です。どこの場所でも同じ商品が販売されないと、量産の商品市場にならないから、場所生活の違いをなくさせます。テレビもない、洗濯機もない、冷蔵庫も掃除機もない、そこの場所に家電を中心にして「商品」市場づくりが「便利で快適な社会生活」としてどこの場所でも可能だと、均一化したのです。地方で擬制的な都市化が社会市場ではなされます。

吉幾三の「俺さ東京いくだ」の歌は1984年ですが、彼は一九六〇年代、七〇年代の自分の暮らしを振り返って詞を作ったのですが、八〇年代でも感知された。

テレビも無ェ ラジオも無ェ 自動車（くるま）もそれほど走って無ェ
ピアノも無ェ バーも無ェ 巡査（おまわり）毎日ぐーるぐる
朝起ぎで 牛連れで 二時間ちょっとの散歩道
電話も無ェ 瓦斯（ガス）も無ェ バスは一日一度来る

俺らこんな村いやだ 俺らこんな村いやだ
東京へ出るだ 東京へ出だなら
銭（ぜに）コァ貯めで 東京でベコ飼うだ

ですが、続く二番三番で、ないのは、ギター、ステレオ、喫茶、薬屋、映画、ディスコ、「カラオケあるけどかける機械」無ェ、新聞・雑誌がなくて回覧板、信号ないのは電気がないから、と。それは、わたし自身子供の頃からなかったものとして、実感できるものです。

そこで面白いのは、「俺らこんな村いやだ 俺らこんな村いやだ　東京へ出るだ 東京へ出だなら 銭（ぜに）コァ貯めで」、「牛飼うだ」「馬車引くだ」「銀座に山買うだ」と東京にありもしないもの、必要としないものを手に入れようとしている諧謔です。心性は村のままなのです。「村を馬鹿にするのか」と猛抗議があったようですが、その歌を聞いて、ああそうなのかという実感覚がまだ日本にはあった。高度成長期からはるか後の1984年です。商品はみな、すでにあったものですが、行き届いていない。ムラ＝場所が、社会市場になっていないからです。商品はもう都会では当たり前にあったものです。

そうなるためには、社会空間が画一的・均質的に形成されていく、「社会統治技術」が同時に編制されていかねばならなかった。つまり、どの場所でも同じ「ノルマ」＝規範があるという編制です。それによって、商品が入りこんできて、不便がなくなり便利・快適になる。商品原理と社会原理とが一致していく統治技術です。商品が浸透してきても、都市にはなりえない。しかも、商品の方にアクセスの自由が保障されて、社会の方には規制的な規範が要されて、秩序のバランスを保つという統治アートです。間を請け負っているのが、善の作用、平和です。

企業活動でもまた経済学でも、ここをまったく考察できていません。フーコーが新自由主義を統治性から考察したことによって開かれた理論領域ですが、理論的にまだそれでは不十分です。パワー関係を生産概念から切り離したときから、それは開かれていたのですが、統治技術論が提示されて明示的になってきましたが、もう一歩深めていかねばならない。

つまり、市場とは統治技術によって史的に変貌していくということです。しかしフーコーには商品論や資本理論がないですから、そこを開削せねばなりません。経済と市場との関係です。

産業社会経済とは、商品関係を社会空間へ均一に配置する社会市場づくりですから、初期から高度成長期にまで百年近くかけて大規模な企業活動を組織的に要したのです。商品物象化を社会現実／社会生活として構成し、しかもそこに生産者の生産を制度物象化において賃労働の労働力として形成し（学歴偏差値学力）、生産物生産へ合体させ、自らの正当性を規範社会において確立させ保護する。この大事業は、大企業でないと不可能です。組織企業体が何をなしてきたか自体を、自分で認識しえなくなっていますから、物象化総体のマネジメントを無意識で現在なしているのが実際です。資本に気づかなくなっている最大の根拠です。

物と人の生存活動の場を「均一の社会とする」社会物象化を、社会市場形成の現実性として商品とサービスのナショナル市場としたのです。そこに国民を総動員する「平和のための戦争」(イリイチ)が、学校、企業、家庭に対して仕掛けられてきた。言語の主語制様式が言語交換市場としてなされねば不可能なことでした。日本は、アジアにあってこの近代化に成功した国です。物象化マネジメントは、非常に高度な知識資本を要したゆえ、ドラッカーはそこからマネジメント論を作りあげたと言えます。その歴史的役割が完遂され別の段階にきているのです。

さて、魚市場は漁港ごとにまだ残存しています。ところが大手の食品会社やスーパーチェーン店が場所の漁港にやってきて、魚も見ずにいっぱ一絡げで買い占めしていってしまう。地元の寿司屋さんが買えなくなっている兆候が出てきています。市場を壊している段階へきている。

こうした事態をわたしは「いちば」から「しじょう」に転じられたとみなします。「市場」への一般的な概念は、商品市場だとされていく状態になる、商品侵蝕です。

そして、電化製品は、場所生産など最初から関係ありませんから、どこの場所でも同じ商品を使うわけで、市場は「商品市場」であると当然視されます。でも電気が社会規範的に、村人に必要なものとなって社会配備されないかぎり、家電は機能できない。社会規範が電気の使用を決めているからです。自生エネルギーが進まないのは社会が消えてしまうからです。

日本で「イチバ」は、商品だけを販売している「コンビニ」に転化されてしまいました。中で、ときおり、場所産地の野菜や果物を売っていますが、会計を別にしています。この現象に、はっきり出ているのではないでしょうか。コンビニがあれば、単身者でも商品で生存はできる。

この農産物・海産物と電化製品などのインダストリアル商品との、この幅において「市場」は、画一市場としての「社会市場」でしかない。本来の「市場」のあり方が忘却されています。

インダストリアル商品でも、わたしは「場所カー」の企画を提起しましたが、たとえばメキシコ・シティでは高地ですから、電気釜ではお米がうまく炊けない。圧力釜が要されます。住んでいる日本人たちが直面した事態ですが、電化品でも場所を考慮する必要があるのです。

食品でも、フランスのバケットパンが美味しいからと日本でまったく同じ材料でしかも同じ職人を連れてきても、現地での美味しいパンにはならない。プロフェッショナルでありながら、場所の意味がわかられていないからこういうことをしてしまう。フランスのワインで、その産地で飲んで美味しいものがジュネーブへ持ってくると味が落ちてしまう経験もしましたが、商品社会市場では、実は消費者の贅沢な快楽さえ満たすことはできないのです。どこでも同じなのだと考えることが商品社会市場の発想です。それに汚染された人ばかりなのに、わたしは驚愕します。しかし、若い企業家たちが、場所ごとの資本経済の起業を直観ではじめています。

——カール・ポランニーは「自己調整的市場」という言い方をしていますが・・・・

ええ、ポランニーは注意深く理解せねばなりません、人類学的考証と経済学的考証とが混在していくからです。わたしは、サーリンズとモーリス・ゴドリエ*とからクリティカルにポランニーを理解します。

「市場経済とは、市場によってのみ制御され、規制され、方向づけられる経済システムであり、財の生産と分配の秩序はこの自己調整的なメカニズムに委ねられる」としながら、「自己調整的市場は、まさに、社会が経済的領域と政治的領域とに制度として分離することを要求する」「市場経済は市場社会においてしか存続できない」（『経済の文明史』日本経済新聞社）ということのしかるべき理解です。その背景には、部族制、封建制、重商主義の下では「社会の中に分立した経済システムは存在しなかった」、経済活動が単独なものとされ、特殊な経済的動機に帰せられるのは、十九世紀の「まったく特異な展開」だという人類文明史的な視座があります。

社会概念が一般化されたままなのは誤認ですが、言いたいことは、市場経済という経済範疇は十九世紀の出来事でしかないということで、それは「市場」とは違うということです。つまり、「市場経済」とは「制度的な本質」であって、ポランニーはじめ経済人類学者も気づいていないのですが、「社会市場」という制度市場があってこそ、自己調整的市場のメカニズムは動きうるのです。そこに、労働、土地、貨幣の擬制商品までもが産業的要因として動員されます。市場が経済システムであるかのようになってしまっているのは、商品経済を物質地盤にし

* ゴドリエ『想像的なものの人類学』EHESC出版局
『贈与の謎』法政大学出版局

て、「社会の物象化」と「制度の物象化」とが統治技術編制されたからなのです。商品マネジメントは物象化マネジメントなのです。大事なのは、そこに実際現実の経済活動はないということ、これはポランニーによる市場経済の障害をめぐる批判考察を経ていけば浮かびだします。国民市場／ナショナル市場とは「社会市場」です、規範制度の世界です。それは、経済範疇ではないのです。なのに「市場経済だ」とする、そういう「シテ」が一つ作り出されたと考えればいい。これは、最低限の商品と社会サービスとが行き渡れば、その水準が限界へと不可避に達します、それが「今」です。社会市場に依存していますと、経済活動が停止されてしまう、それがコロナ禍でおきた出来事です。社会統治技術さえ、機能しなくなっていく。

——すると、本来の市場とは、物質文化や「場所」に関わるということですか?

はい、「場所市場」、正確には「場所環境市場」、これが本来の基盤です。それが資本経済の「市場」です。生活の場所です。環境の場所です。その上で、市場には様々な階層が多元的にあることをしっかり理解していくことです。好みの判断／資本が個々で違うのです。それが、使用価値、有用化価値の次元にあることであり、かつ物質文化が基盤にあるのです。それは制度的に、もはや画一的な社会統治アートではない、多元的な「場所統治アート」になります。国家はそれを助けることです、場所の特異性に対応して、個々別々にです。今のような均質な仕方はもう機能しない。物質的領域の連鎖、さらに非物質的な情緒・感覚も場所において考えねばならない。そして、労働、土地、貨幣という擬制商品要因を、資本、環境領有、新たな互酬的流通手段として設計変えしていくことが、知的資本のタスクになります。

別の言い方をしますと、離床してしまった経済概念を、もう一度、文化・環境のなかに埋めこみ返すことです。ポランニー的に言えば、互酬性制度と再分配制度に相互交通（取引レートではない）を場所配備することです。そこでしか、これからの経済は成り立たなくなるというのが、コロナ後の課題なのです。テレワークなどは、手段でしかない、目的でも経済でもない。

「電気もねえ」時代ではなく、自生エネルギーの電気を場所発電する、エコハウスのパッシブデザイン、地産地消。経済とは、場所住民の暮らしがよくなること、「おらこんなムラいやだー」ではなく、「おら、このムラが一番だー」という経済・技術の開発次元です。場所の資本を生かせば、何ら不可能なことではない。若者たちが村を出て行った理由としての不在のものを、都市から村へ持ちこむ時代はもう終わったのです。場所自体から固有に作りだされることです。先端技術科学は、場所をサポートすることであり、場所統治がそれを独自に活用することです。原発という巨大科学技術を場所住民は使いこなすことはできないし必要もない。

ここを「場所／資本」として考えていないと、安っぽいコミュニズム論が徘徊します。『人新世の「資本論」』が話題のようですが、机上のただの優等生の隠れ修正マルクス主義思考です。時代の大転換を一つの図にまとめてみました。基本視点です。図3とあわせて見てください。

既存の、教育と経済とが分離した、偏差値学力が基盤の賃労働者形成である大学システムに対して、専門職大学院が社会人への高等教育として知的資本形成をなすべく高度に機能すること。それは同時に高等研究機関を併設し、下部に専門職大学が資本者形成としてなされることです。教育と経済の非分離システムのために、生産諸関係の再生産は企業内では変わりえないからです。

図４ 時代の大転換

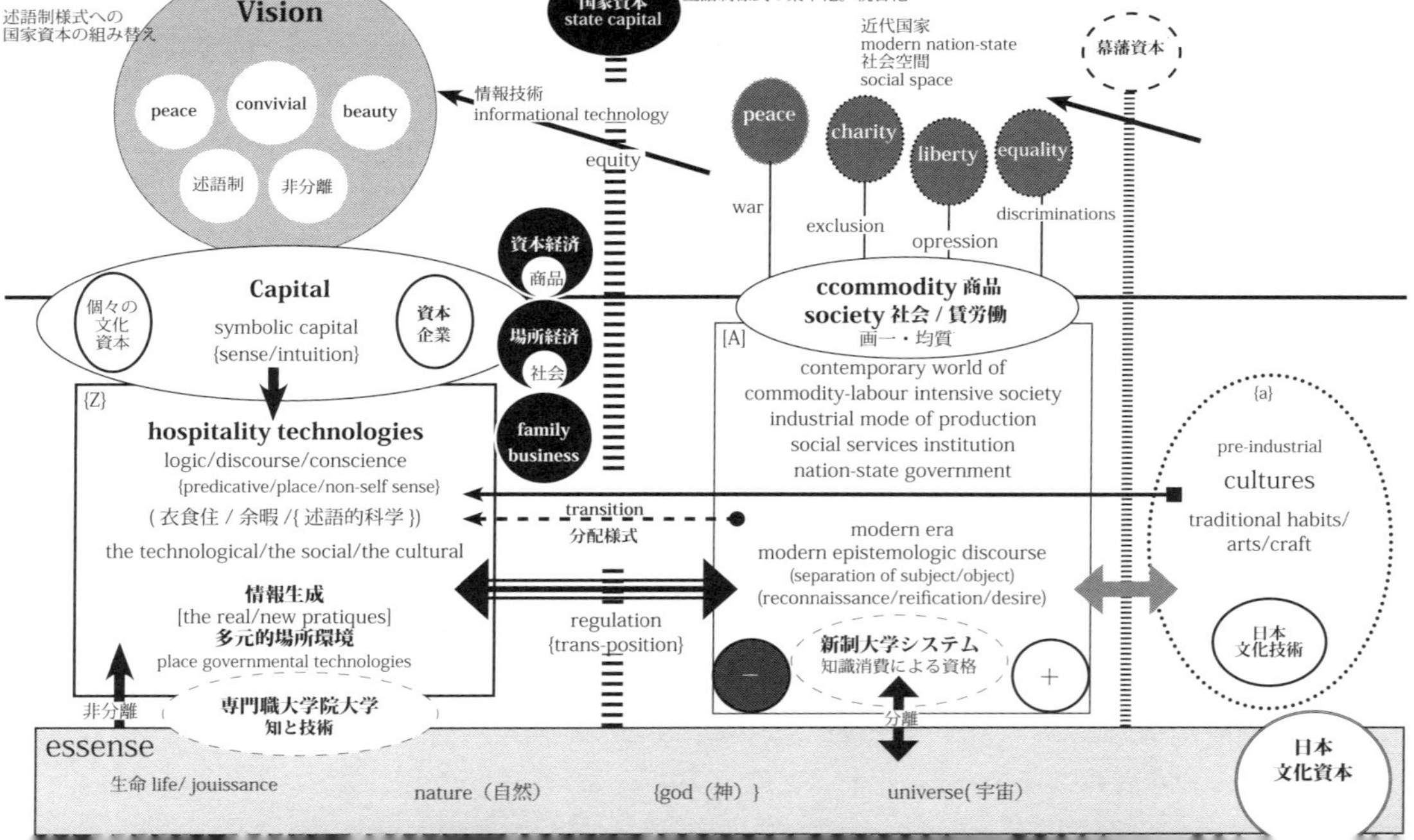

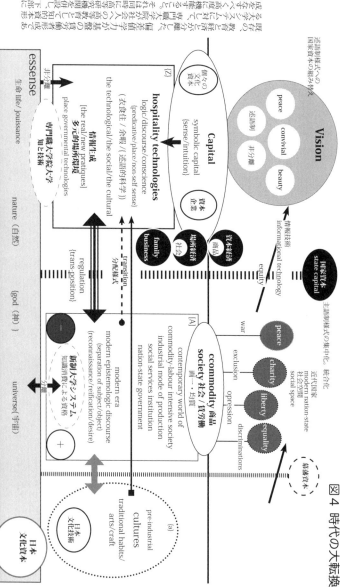

# 6 資本経済とマネジメント論

マネジメントはたまたま企業活動からはじまったが、あらゆる分野において不可欠なことである。

イノベーションがすべてである。

大学知／近代知をこえないと、資本マネジメントはなされえない。

情緒資本と知的資本との調整をなす知的資本によるマネジメント。

## マネジメント論のエッセンス

――資本経済が実際にマネジメントされることが要されると思いますが、その観点から見てマネジメント論はどのように考え直されますか？　日本ではドラッカー、コトラーが翻訳されたり解説書がたくさん出ていますし、近年では「ティール組織」論がもてはやされました。他にもいろいろなマネジメント論がありますが、どのように考えられますでしょうか？　またマネジメントは経済だけではない、あらゆる領域に関わります。そこも述べていただけましたなら。

マネジメント論は理論考察にとっては実証的な対象でして、それ自体に何か理論的な哲学的なものが開かれているわけではありませんから、知的資本の作用の実例として注意深く見ておく必要があります。ただ、ノウハウであると日本では勘違いされているのは大変なロスを引き起こすと思います。つまり、マネジメント論を規制している「知の地盤」と概念空間があるのです。マネジメント技術が単独であるのではないことを、日本は忘却しているよう見えますね。

ドラッカーが日本では輸入的にもてはやされていますが、原書を見ますと随分とズレが起きていますのと、ドラッカーが対象に分析したのは日本企業であることを見失ってはいけません。つまり、日本企業は自分たちが何をなしているのか対象化しえていないのです。経験則だけで相変わらずしています。それだけでやっていけるというのもたいへんなものですが、自ずと限界に不可避にぶつかります。それが今、露出しているのではないでしょうか。

### ●ドラッカーの意味

ドラッカーのポイントは、歴史的な眺望をもっていることが基本です。それをノウハウだけで見ていると、大事なものを見落とします。Society/Polity/Knowledge の時代ごとの変貌を客観化しています、そこからポスト資本主義の「知識経済」中心が提示されました。

「知識／知」が歴史的には、道具、過程、生産物に応用される段階、ワークそのものへ応用される段階をへて、そこから「知識の知識への応用」がなされる段階になった。

つまり、「知識 knowledge」は、マルクスが指摘した「土地・資本・労働」を差しおいて、最大の生産要素になったと、まず主張しています。「知識の意味」を、自己認識、知的・道徳的・精神的成長において「何を言うか」として示します。「マネジメント」は最初に企業に現れただけで、総体に関わること、成果を生み出すために、既存の知識を新たな知識をもっていかに有効に活用するか、またそれを知るべく活用し、**体系的なイノベーションへ応用する**ことだというものです。物的な資本量が同じでも知識によって資本の生産性は違ってくるからです。

知識は「物の生産」と「生産者の生産」との非分離関係の構成に関わるとわたしは解します。「知識 knowledge」は「知 savoir」（動詞＝名詞）として拡大して考えねばならない。英語概念とフランス語概念との隔たりがあります。know-ledge なのに know の動きが見失なわれる。「知識」を富の創造過程の中心にすえる経済理論が必要であるとドラッカーがいうとき、「知識資本 konowledge capital」を問題にしているとわたしは考えます。それはしかし、わたしが言っています「**知的資本 intellectual capital**」とは違うのですが、ドラッカーは「知的資本」の働きを言っているのです。知識はデータ情報ではありません。シニフィエだけではないのです。

世界観を変える、価値観を変える、社会構造を変える、政治構造を変える、技術・芸術を変える、制度を変える、そして新しい世界を作ること、とされます。それが弱みを直すことではなく、個人の強みにおいて、social ends ではなく〈goal of learning〉としてなされることだ、とドラッカーは言っています。知識への知的な関与、行為、つまり知的資本のことです。

このendsではないgoalだというのは、ラカン的に言いますと、射落とした鳥ではない、射れる弓と矢を備えるのがgoalなのです。欲動pulsionです。aimsは動き、そこに縁《ふち》としての源泉、行程としての過程が関わります。商品制度社会はends=終着点を求めます。大学を卒業=endしてもそれは能力=goal自体ではない、ということでわかるでしょう。aimsは何を学ぶかです。大学知性／大卒知性は、end=資格をとっているだけで、goal（学ぶ力）を身につけない。目的と手段の反転とよく言われますが、制度がその転倒を資格保障しています。

そこから、第二に「市場」変化への着目です。市場を震源地だと見ています。歴史的変化を現在変化において見ているのです。歴史変化は過去の変化ではない。企業人がいちばん見失っていることではないでしょうか。これはイノベーションに関わります。そこで、ドラッカー自身は気づいていないのですが、市場は経済範疇ではないということを示唆してはいるのです。

「イノベーションとは意識的かつ組織的に変化を探すこと。それは変化が提供する経済的・

社会的イノベーションのチャンスを体系的に理論的分析することであるとともに、知覚的な認識である」と言っていますが、イノベーションが日本でほんとになされないのは、マネジメント技術の知的資本が不在だからです。イノベーションがなおざりにされ、組織管理的な機能改善ばかりが重視されてきた。ドラッカーは次のように明証に言っています。

**イノベーションをいかにマネジメントするか知らないマネジメントは、不適格なマネジメントである。収益が伸びないとき、プロセス、製品、流通チャネル、顧客ニーズを変えるイノベーションが大きな成果を生む。**

**イノベーションの戦略指針は、「より新しく、より異なるもの」である。イノベーションは事業である、新たな製品でも、改善でもない。新たな能力を生み出すことである。市場に集中し、市場を震源として、経済変化、社会変化をなし、働き方、生産の仕方を変えること。**

**イノベーションを行う組織こそが、これからの時代の主役である。**

つまり、マネジメントとは同じ物事を再生産し続ける経営ではなく、新たな情報を生成するイノベーションを作動させることです。世界観が同じままで停滞しているのは、市場変化を見ていないからです。生活環境も生活スタイルも変わっていっています。それは商品の差異化だけでは追いつかない。ドラッカーの「知識経済」とは知的資本経済です、資本経済の基軸は「知の経済」によるイノベーションなしにはありえない。知が技術開発に関わるのは言うまでもないでしょう。

## ●ティール組織論とその他のマネジメント論の意味と使い方

――評判になった「ティール組織論」はどのように見ておけばいいでしょう?

ティール組織*もドラッカーの歴史展望を色分けして、五段階に分節化しています。何か新しいものがあるようには見えませんが、わかりやすいのと実際企業の成功例が参考になるから評判なのでしょう。ドラッカーの組織社会論は曖昧で、抽象的で古いですので、それをもっと明証に、企業組織の現場、末端社員の自律性重視から具体的に深めたと位置づけられます。

「私が人生でなすべき使命は何か?」「本当に達成しがいのあることは何か?」「自社の存在目的＝進化目的が求めている道を選ぶ」「健康で、自立的で、意義深い人生を送ってもらう」という基本を立てて、組織を生き物ととらえ、情熱をもち、自らを認識し、創造性を発揮し、自らの方向感覚をもち、使命をもち、そこへ向かって進み進化する。つまり自分の資本を仕事環境と自分の生き方において生かせということです。

①そのために、peer base のチーム・パフォーマンスである「セルフ・マネジメント」。

②人生の最も深い使命感は、自分自身の中の、そして外部世界との繋がりを通じて、全体性を取りもどすことだという「ホールネス wholeness」。

③世界は自らを作り出す方法を知っており、自分はそのプロセスの中の良きパートナーであって、組織は独自の存在目的を追求するエネルギーの集まる場所、生命の一つのあり方となるべきだから、組織を運営するのではなく、組織の steward** は、世界に貢献できるよう存在目的に耳を傾ける媒体であるという

* フレデリック・ラルー『ティール組織』栄治出版

** steward とは、事務長、支配人、代表、世話役などですが、助ける意味合いで、マネジャー／幹部と著者は言いたくないのでしょう。

「evolutionary purpose（進化する目的）」をもっていること。

この三つをもって、組織の本質原理を変えるだけでなく、自分の実際的な日常生活を変えて、「自分らしくいられる」活動をなすことが、企業を元気にさせるというものです。人生論めいていますが、それほど企業活動が産業社会的な達成型の窮屈さにあるからでしょう。柔軟で楽しい仕事の責任感と誇りをもって、陸上のペンギンから「水中のペンギン」になることだと。

――他にもいろいろなマネジメント論の特徴がありますが、どう考えていけば資本経済とつながるのでしょうか？

「アプリシエイティブ・インクワイアリー appreciative inquiry の八つの原理」がありますが、これは問題構成を的確に立てて現場現実の真価を正しく認識してそこへの適応を明示していこうというマネジメント方法ですが、この八つをわたしは資本概念へ再構成しました。

①「構成主義の原理」という「言葉が世界を創造する」、つまり言説が世界をつくるという「言語資本」のことです。客観と主観が混在しているのが現実だと言っていますが、「主客非分離」だということです、つまり述語的様式を構成する言語資本です。（近年、社内で英語でコミュニケーションしようというのは、何ら先進的なことでなく、言語資本を喪失する転倒です。）

②探究的な問いを立てて変化を生み出す「思考資本」は考えと行為とが非分離である問いを立てることです。考えることと行為することとが大学知性では分離していますから。

③そして何を選んで検討するかを定めていくことは「表出資本」の選択です。

④自らのイメージが未来をポジティブにイメージしていく、「想像資本」です。
⑤それは「できない、しない」を弁明することではなく、多様なポジティブ感情をポジティブなアクションの推進力にしていくこと、行為への「情緒資本」です。
⑥「全体性の原理」と言っていますが、これは「総体の原理」と言い換えるべきです、ここの「繋がり」の構成で、「協働資本」とわたしは言い換えます。分業の協業ではない。
⑦そして望む変化を自己実現していく、「アクション資本」です。結果を作りだすこと。
⑧これらを個々人が自由な選択で物事にコミットしていく、これを「自己技術資本」と言い換えましょう。

つまり、この八つの探究的問いの設定は妥当ですが、説明するときに旧態の言説思考行動に戻ってしまう（多分に暗黙のマルクス主義的な実践行動になる）、それを新たな知的資本へと配置していく注意が要されます。でないとせっかくの問いかけが適用具現へと進まない。まさに知識への知を働かせないとなりません。

そこに「U理論」という考えを思考・認識の「過程」として、思考技術の自己技術化において組みこんでいくことです。これは「過去の経験に意識が奪われていることを自覚」し、「対象自体を観る」こと、また「他の側から現在・自分を観る」ことで、そのひたすらの観察から「総体性から未来が出現する」とプレゼンする。他在からの内省によって知を世界へ働かせるのですが、総体からの「知的言語」で自己と世界とを言葉で表現していく、そこにビジョンと意図を実現する手立てを見いだして、プロタイピングして実行し世界へ提供していく結果を出す。意味生成を取り込んでいくことと理解すべきです。説明するとき、既存の言語世界へ配置することだという勘違いが多分にありますが、それがもう経済を停滞させるのです。

また、これらを、「認識して意識して実践して再認識してまた再実践していく」というマルクス主義的な因果関係のタームで理解する人がほとんどだと思います。そうではない、知的言語として、言説におけるコード体系／概念スキームを、生命的な意味生成の思考＝行為へと転じることが大事です。

ビジネス・スクールでノウハウとしてかかるマネジメント論が教えられるのでしょうが、概念コードが近代知のまま与えられた知識獲得として人々は学習しているだけではないでしょうか。「全体性」と概念設定しているとき、もう旧来型の世界へ舞い戻ってしまうのです。つまり商品・サービス・賃労働の経済スキームでのノウハウに還元してしまう。「実在対象、個人主体、要素分解、線形構成、測定・予測可能性、中央集約型、取引・交換」という既存の概念スキームに配置してしまう。それは予測限界を最初から排除していますから、イノベーションにはならない。最善が最悪だという関係へ、今の様に置かれてしまう。

知的資本を情緒資本との相反的な相互性で意味生成的に転移していかないと、資本経済に開かれていきません。ドラッカーもラルーも、資本経済の知的な営みの大事さを明示しているのです。言動を規制している関係の取り方を転じていくことをうながしている。知的資本の作用です。

——マネジメント用語を「資本」用語へと転じられましたが、概念スキームと企業活動の実践との関わりを転移する、配置換えするということですか？

三回ほど、マネジメント論のレクチャーをなした経験があるのですが、マネジメントは実践ですが、その実践を規制している「概念コード」があります。最終的にわたしが提起したのは「意味生成をなす概念経済」だということです。企業の実態を分析すべく客観化するということ（思考／理論・言葉化）と企業実践を実際に社員に実行させることを規制している既存の「概念スキーム」がある、その転移です。

## 知的資本の「概念経済」によって暗黙のマルクス主義および物質科学の思考から脱すること

つまり、日本ではマネジメントとは制度化された規範行動の「実践」指針として理解しようとする傾向が圧倒的で、しかも商品経済活動へおしこめて構成することになっていますので、新たな情報生成を最初から排除してしまうのです。商品社会経済には客観性を偽装する二つの「科学」思考の論理が暗黙に入り込んでいます。対象化される測定可能な事実だけが本質で、観測する人間の価値観に依存せずに誰もが同じ事実だけを得られるという主客分離の物質科学的客観化が一方にある、他方でしかし無限定な現実を究極目的＝救済へ向けて実践させる意識化と投企をうながすマルクス主義的思考／概念スキームが個人主観を超えて大儀へ従属する実践として設定されています。物事の考え方、行動・実践の仕方を規制しているものです。客観現実をシニフィエ（＝意味されたもの）として測定でき物証できるものを外から客観化し、そこへ従属行動しながら一般的前提（それを普遍と偽装し）から個別的な結論を引き出すべく意識的に組織命令に従属した実践をなす。これは前提が有している以上の情報を引き出せない、情報を創るのではなく代わりに実践に身を投げて物事を解決へと救済（儲け、発展）していくのですから、ほとんど大きな企業はスターリン的な社会主義的組織運営に不可避になってしまっています。しかも公平さに立って階層化する奇妙な仕組みで、会社党命令に素直に自粛従属する賃労働の真面目社会主義です。

実践して改革・改善して認識を変えて再実践して再改善して、ends（売り上げ／儲け）を目指す。そこに「企業救済の社会主義ユートピア」を作りだしています。概念スキームが演繹（組織的な一般前提から特殊を結論する）・帰納（自分に都合の良い可能性を推論すべく標本から母集団を統計推論する）論理のままなのです。それを正当化するために、因果律の客観的客観性と投企的実践を配置し、承認されている同じものを再生産し続ける「物象化マネジメント」がそこに構成されます。客観分析はほとんど測定可能な統計数字です。売り上げ目標へむけた救済の、組織社会の全体主義的な社会主義的マネジメントになっています。すぐ「効果は」「売り上げは」を求める。創業者はそうではないですが（それでは起業できないから）継承者たちはほとんどそうなっています。即効性のノウハウ中心の経営学は無意識にそうしています。さらに資本主義を悪として批判する識者の言説もほとんどみな暗黙のイデオロギーなき「隠れマルクス主義」です。

批判解析の仕方が、外部から、敵を見つけだし、その悪を証拠立て、否定攻撃する。「奴らが悪い」、それをもっと柔らかく「問題がある」と言えば、客観的であるかのように偽れる。他方、組織側は自らの現実をクリアにする批判考察を、「否定」だと理解し、批判分析を拒絶する。これも、反対側のかつ守る側の同質のマルクス主義的思考形態です。つまり一様のシニフィエされものだけを事実とする大卒知性における、しかも物質科学的／マルクス主義的な客観化と行動の概念スキームです。批判は否定ではない、意味を創る、己を知ることです。

批判解析・批判考察の配置が、どちらも「自分自身を観る」ことになっていないのです。「自覚」「覚醒」は、驚きの情緒から知的資本を働かせて、前提を超えて自分の自分に対する技術を見出し新たに情報を創りだしていくものであって、他律化を強いたり正当化するものではない。対象自体をしっかり観て、自分自身をしっかり理解して、その関係に明確にどうしていくかの新たな情報を生成する媒介に、クリティカルな考察が不可避なだけで、可能条件がぶれないためになすことです。また批判した事態に自分がならないためのものです。

●商品経済マネジメントの本性

商品は物的に出来上がっているものですから、前もって決定され、end はより多く売れることが救済になると決められていて、そこに諸関係が従属しこなされていく行動をよしとし、それが現実的で具体的であるとされ、資本経済のようにこれから協働しながらまだ無限定な事態を見つめその対象／環境を仮説的に明証にして、まだ見ぬ予測限界にある結果を新たに固有に作り出していくことを、いい加減だ、当てずっぽうだ、さらには自己正当化のために詐欺だとさえ否定する理解しかできない。つまりアクションの本来の姿である意味を新たに創っていく「無限定環境の非決定」状態は現実離れだとみなされます。だから与えられたことしかできなくなるのですが、しかしそれは物象化マネジメントをなしているからです。それは実は論理的な物象化行動なのです。

現実界／生命界は複雑ですから、それを単純化せねば商品は作られません。現実自体に対して商品形式として交換可能な現実性の場を構成し、そこに合う生産条件を物的に整えるのですが、労働力として機能する生産者を生産する制度物象化（資格などの制度資本）をからめて既存の生産諸関係を保持・再生産し、さらに企業実践に損害が起きないように規範化に従属して社会に保護されるよう社会物象化します。この三つの物象化を調整して組織運営していくのですから、物象化されたロジックの遂行としてのそれなりの高度な技術になります。転倒している要素と要素間の諸関係を現実〈性〉へと編みあげている、その構造化された様態を再生産する。社会物象化を引き受けその社会市場総体へ対応するゆえ大企業的な組織対応がいやでも要請されたのです。数多のノウハウ・マネジメントはそれを恣意的に分節化し、因果関係で実践順序だてます。でないと、物象化された現実性に効果がないと、すでに物象化されている（ビジネス校の）受講者側から拒否されてしまう。学んでいるのは無意識のマルクス主義的思考による物象化構造を保存・再生産する実践です。

この忍びこむものを転換せねばマネジメントは活性化しない。大学教養的に、マルクス主義思考が浸透しているのは左翼よりも、官僚機構、企業組織体です。客観化と実践化において、いちばん単純明確でかつ擬似的体系化に近づくからです。行動はただ言われたことを「やりゃいいだろう」で、それだけで物象化ロジックに便乗できる。これは、自他関係を消して実践効果を出せる、つまり自分に関わりなく物事を客観化して、最大利益へむけて投企的実践へと人を主体化従属しうるのです。物質科学論理がそれを裏付けてくれる。そもそも六〇年代のマネジメントは、無意識の社会主義的な経営実践を自由主義のイデオロギーでもって、そうではないと言っていただけです。いまだに社長が威張って、社員を無視して独善的な経営をして、社員がその様子を幹部にうかがいながら従属行動しているのがほとんどではないでしょうか。組織ヒエラルキーの中で、社員は成功すべく、余計なことはせず、競争相手を打ち負かして1、2%のトップにのし上がる出世競争をすることが優位で、ビジネスするのは二の次になっています。しかも下は上を見ていつも「恐れ」て気配りしている。停滞するのは当然です。組織内部は権力闘争です。あるいは、仲間主義で、互いの弱みを慰めあいながらやり過ごす。企業は株をもちあいリスクを相互補助的に回避し協同しあう、生産手段の社会的共有化なしの「持ち合う」擬似社会主義的な仕方です。ともに、自分を表にだすな、協調を崩すな、組織秩序を守れ（＝物象化構造を保持せよ）というもので、その結果、労働疎外が安楽になる「労働疎外王国」にまでいきつく、その実質は無責任体制です。企業が問題を起こしたなら、賃労働者代表である社長をすげかえれば、秩序は安泰。などなど。

近年の欧米のマネジメント論は、それではもう利益がでない組織管理経営の脱却に焦点を置いています。しかし日本ではまだ組織管理運営が中心で、高級賃労働者のお雇い社長／幹部であり、マルクス主義を知らない隠れマルクス主義経営者たちが非常に多い。意識的な社員もそうです。政治イデオロギーの右か左かではなく、集団組織をいかに社会的に問題なく運営するかとしてです。そもそも、公開株式会社は、自由主義世界の市民的社会主義の組織に、自由市場の幻想がのっかっている。大企業の社長や役員も賃労働者ですし、株主の多くは賃労働者たちです、社会主義的労働協同システムです。ですからマルクス主義的な論述が一番読まれる文化市場状態になっている。資本主義批判やその危機・限界を、自分のことではない、よそごと的に外部からの知識として読めるからです。わたしはマルキストよりマルクス主義を了解していますし、実際の究極的な実践までなしましたから、それが現実実際に対してどれほどとどかない限界があるのか、既存認識・理論がどれほど不十分であるか身をもって知っている。大学教師たちは机上で考察していながら、現実にコミットしやっている気分で実際には口先だけのだらしない行動しかとれない、しかもマネジメント力がゼロ。マルクス主義を批判理解して突き抜けていないものはもっと軽薄になる。しかし絶対的に、マルクス主義は無効です。安易な知的ぶった実戦なき実践主義思考なのです。理論効果で持ちえている思考でしかない。

高度な知的資本は、マルクス主義および物質自然科学論理の彼岸に開かれていくものです。それは、構造理論を総体的に了解領有していかないと不可能です*。吉本さんは構造主義はマルクス主義の最高形態だと思想裁定しましたが、日本の邦訳・理解する者がそこへ誤認後退させているだけで、言語理論、精神分析論、人類学を社会史考証とともに総体的に了解して、既存の社会科学的思考体系を地盤から転移していく上で構造論理解は媒介的にへていかねばなりません。世界の理論水準はそこから先へと開かれています。教育論、ジェンダー論・女性論、セクシュアリテ論、身体論、批評理論、精神分析論が、権力所有ならざる権力諸関係論の先に批

* ドッス『構造主義の歴史』国文社。総体的でよく要点をついている。

判考察されないと、社会構築主義の既存思考へと引き戻されてしまいます。先へ進めるのが、近代知のエピステモロジー／近代学問体系を脱する「主客非分離の述語制理論」の資本・場所論なのです。マルクス主義批判が徹底していないと、すぐ後退してしまいます。非常に根深いです。シニフィエのみが真理だとしている大学知に巣くっているからです。また統計数字などで現実はとらえられません。

こうした、大卒企業人たちを領有している暗黙の概念スキームが転じられないと、ビジネス自体が遂行されないし、知の情報生成／意味生成をイノベーションし続ける資本経済は機能していかない。資本経済は自分自身の生命的な資本行為のことだからです、他人事ではない。商品経済は「最低限のものをより多く」の社会主義的統治と同質ですから、資本主義と社会主義とは近接して混在しているのは、世界を見れば一目瞭然でしょう。とくに日本はマルクスが描いた社会主義に近いのではないかという思想判断まで出てきてしまい、肯定までされますが、**現実そのものを理解する**のを妨げてしまうことです。消費社会まで含んでの産業〈社会〉経済批判が不在であるから、そうなってしまう。産業的生産様式として資本主義と社会主義は同じものを競い合っているにすぎない、社会主義またコミュニズムに解決などはありません。歴史現実を見よです。

概念スキームが、個々人の実際行為 pratiques と（企業）実践 praxis とを規定する構造をとっている点を見逃してはならないのです。この概念スキームは既存組織では、主客分離／社会空間／主体＝主語制の概念空間です。因果律の思考による解決・救済へ向けて訓練＝躾けられる投企的な規範的な社会行動です。商品経済の物象化＋制度物象化へと転倒され、社会（物象化）で保障されている物事と言動です。

資本的経済を固有になしている資本的経営者は、ですからマネジメント論やマーケティング論を無効であるとして、新たなロジック／技術が世界であまた出ているのにほとんど学んでおられない。他方、経営者たちが自分の企業活動について書いた著書の思考形式はマルクス主義的なままです。担当する編集者や代筆者の頭の思考スキームが大卒知性そのもののままですから。

つまり、ちゃんとした関係マネジメント論が日本ではない。マネジメントの意味を曲解し、表層だけで都合良い即効ノウハウつまり騙しです。流通しているマーケティングは社会市場から脱しえていない、というより社会市場においてしかマーケティングは成り立たないといえます。大事なのは新たな「**資本の述語的マネジメント**」です。どのような調和的関係を創るかという未来に対してゴールを仮説し意味を作り出していくイノベーションをするのがマネジメントです。既存秩序に課題的に改善対応することは、マネジメントではない、管理経営でしかない。概念スキームに設定しなければならない新たなものとは、「資本」とともに、〈**述語性の概念空間**〉です。無意識の主体・主語の概念スキームになったままであるから、マルクス主義にマネジメントが主体的なものとして接木されてしまう。またはその亜流の個人慰みの実存主義です。

一番陳腐なのは、論語や儒教的な概念への接木です。語るなら荻生徂徠ぐらい読まれたし。実用主義が強調されながら、しかしプラグマティック論が実に曖昧なまま、つまり商業的実用次元のまま、社会次元でマルクス主義的実践をとりこんでしまうのです。友人のリチャード・シュスターマンのプラグマティズム論*を読んで欲しいでものですが、日本はプラグマティズムもマルクス主義と併走したままです。

概念は言動を規制するコードを構成しますから、本質的かつ生命論的**にきちんと画定していくことが知的資本のタスクになる。述語的な情報生成理論は、非常に現実的な理論であり、理論の現実となります。後追い

* シュスターマン『プラグマティズムと哲学の実践』世織書房
** 矢野雅文『科学資本のパラダイムシフト』知の新書

しているだけの大学知性が忘却している知のプラチックな作用を批判超克せねばなりません。

ボルタンスキーが解析した九〇年代およびプロジェクト型のマネジメント論は、それ自身が構造論的な思考を意識しているか否かに関わりなく行きづまった産業的組織経済に対して批判的にとりくんでいますから、実体論ではない関係論的になっています。つまり概念スキームを転じているのです。労働時間管理よりもコミュニケーションの関係空間が強調されます。共時的秩序の時空間経路になっています。管理者の意識的な主体スキル形成よりも社員の実際関係行為《プラチック》のチームワークの方が重視されます。そのプロジェクト型とは、

才気間髪に考え活動する意欲が協力者たちを創造者にする。投資は「偉大なるもの」への到達を犠牲と結びつけて、その恩恵が責務と釣り合う。既成の紐帯に閉じこもらないで、異なる人々や世界との新たな紐帯を結ぶべく時間を実際に引きだして、自己へのアクセスを戦略的な仕方で見直す。直面している現実状況が複雑で不確実だからで、そこへ「自己の企画」を働かせる。そこには、結合する享楽が欲望を超えて自然本性的に、自由であると同時にコミットもしているものとして自律と独立においてなされている「自然的秩序の調和的形象」です。人々の尊厳が働いています。意味生成／情報生成の調和関係のプラチックが働くことです。

そんななかで、わたしが注目したのは、ケビン・トムソンの『情緒資本』のマネジメント論です*。

——どんなロジックですか？

## 情緒資本と知的資本の相反的な相互性

ドラッカーがイノベーションとは理論的分析であり、知覚的な認識であると言っていることを、知的資本と情緒資本の相反共存から明示しています。認識は知的だけではない、知覚的に感覚まで含んで考えることだと

* Kevin Thomson, *Emotinal Capital: Maximising the Intangible Assets at the Heart of Brand and Business Success* (Capstone, 1998)

いうものです。文化資本や情緒資本概念を活用した書は世界でもまだほんとに少ないものの展開されています*。こちらから見て、非常に単純化されてはいますが要点はついている。知的資本はデータから情報を生成的に取りだし意味する知へと至ること、それがコミュニケーション・マネジメントとして知的な分節化の知的マネジメントをしていくこと。

Vision/mission/values に基づいて、targets, mergers, acquisitions, downsizing, new products, new services, business plans, cultural change, customer service, strategic alliances, human capital plans, business process re-engineering, organizational change, hospitality operational plans, hospitality marketing plans

でもって、restructuring をなし quality を高め、costs を考慮していることです。

〈情緒資本〉は、感情、信念、価値からなり、それが人や物への関係づけにおいて分節化されているものです。不満、悩み、期待、夢、快適さ・便利さ、欲望、欲求・必要、要求、好み、趣味、職業、家族構成、環境への関心、社会的関心、ファッション感覚、美的感覚、新たなライフスタイルなどを、希望 hope へと構成していくことです。トムソンの簡潔さは物足りないものですが、「知的／情緒的」な双方の相反マネジメントを暗黙部分と明証部分とにおいて設定したことから多様な活用が考えられえていきます。現場の社員の考えや感じ方や意見を、この英字で示した構成において顧客参画まで含めて生かしていくことです。「ジャム・セッション」で規範従属の行動を感覚から解き放ち、見晴らしをよくしてコード転換を自己技術においてなす通道を開く、それが資本者による資本デザインへの過程です。感覚からの入力で環境を推察し、自分と環境との調和的関係を創っていくべく、知的資本を作用させるのです。文化資本マネジメントは、この情緒的／知的な双方の共時的なマネジメントを要されます。主体論ではない、「**資本関係のマネジメント**」です。とくに情緒資本は多分に個人主観とされてし

* 教育論で、Bénédicte Gendron, *The Power of The Emotional Capital in Education* (Connaissance et Savoirs, 2018)
また、美術館マネジメントで論じられている。

まいますが、外在的刺激によって内在形成されていた感情や情緒や知覚・感覚が、文化的・慣習的な基盤と記憶とともに諸個人を動かしています。知的資本だけで機能させることはキツさに陥ってしまいます。

文化資本の歴史考察とともに情緒・感情・情動・感覚・感性の考察が不可避ですが、後者の社会史・文化史研究はその初発からですけれども、特にアリエス以降、非常に多様に進んでいる*。ハーシュマンやブルデュー、ルーマン（『情熱としての愛』木鐸社）、ボルタンスキーなど感情プラチックとしても社会学的に考察されていますが、情緒資本論として組みたてることです。感覚は生命的システムの基盤です。

欧米の多数のホスピタリティ論でもすでに「知的資本」概念が活用されていますが、〈資本〉理論が明証にあるわけではないため、深みがないのはマネジメント論の常ですが、知的な深みなしに経営が成り立つことはもうありえないと思います。シンガポールやスイスのマネジメント論は、構造論／社会史以後の知的成果を踏まえていますから、とても高度になってきている。

ある大企業の社長の方も同席されたシュスターマンのセミナーで、わたしが彼の身体動作論に対してラカン的なスキームを作用させないと理論的に「アクション」は不十分になることを指摘していたなら、そういう無駄な議論はいらないと制止されました。呆れましたが、日本の経営者は知的資本がマネジメントに作用することの基本を理解されていない。安易なビジネス書が消費的に氾濫していく根拠です。シニフィエの知識主義は無駄ですが、シニフィアンの知的資本言説は非常に重要なのです。この違いがわからないのは「知の深み」がない大卒知性のままだからです。シニフィエの意味された結果だけを求めます、すると中身の実質ではなく、既存権威に依拠するだけ。大卒知性の常です。考えるアクションをしないで、自己技術不在のまま、制度化さ

* フィリップ・アリエス『〈子供〉の誕生』みすず書房
L・フェーブル、G・デュビイ他『感性の歴史』藤原書店
ヤン・プランパー『感情史の始まり』みすず書房
ウーテ・フレーフェルト『歴史の中の感情』東京外国語大学出版会
高島元洋『日本人の感情』ぺりかん社

れた実行有効性だけを他律的に求めるのです。

こういう現象を知的資本としての「概念経済の不備」とわたしは称しています。認識が足らないのではなく、旧態の知識が充満して他の思考概念を受けつけない。企業活動が斬新的になされるわけがない。日本でイノベーションが進まないのは、知的資本が旧態のまま、大学卒業までにえた知識のままだからです。かつ物象化された既存構造で経済生産の現実を考えているだけ。それはしかも大学知教養として無意識のマルクス主義／物質科学ですから、狭い実践主義の視座から、高度な知的なものは「無駄だ」とされるのです。

大卒知性の一般現象は*、わかりやすくやさしくすれば理解がなされると思い込んでいる（ごまかしの伝達）、「しない」「できない」「難しい」といえば客観的のように思っている（しないことが「する」ことになる）、主観を述べて客観を外在的に「在る」ことと疎外実定し、それを問わないで放置（当人が「言ったこと」だけが真実）、より多いことが現実的である、endとして達成されたものだけに価値がある（個体や過程は意味がない）。これらがシニフィエを整理するだけで、シニフィアンを探究しない大学人言説によって学問／真理＝知識だと正当化されて企業組織的日常になっています。細かく七〇項目ほどあげられますけど。その社会意識は社会を掲げていながら実際のアクションが不能化します。出来事がどこか他でなされるまで、何もしない／できない状態です。いやそこで経営者たちは常に考えているんだ、というのは物象化の構成手続きを考えているだけで、それはただ物象化の絡み合いをややこしくして（ゆえ現実に取り組んでいると錯誤し）実際は現実そのものから離脱し、対象それ自体を把捉できないものになっている。経営は主語だけでは動かない、環境との述語的作用の縁《ふち》で規制されます。ところが、そこは「空」の場で、無限定環境で非決定なのです。ただ同じ再生産するでは経営にならない、

* 既存のものを受容しそこに便乗し依存することで自分の利益を獲得し守る。つまり、共同的なものに自分を合わせることを、子どものころから学校化の過程で偏差値学力として形成、与えられた授業、与えられた試験をこなすことで学力を自分によってでは思考しないこととして訓練してきた（「良き調教」フーコー）。それを自己形成してきた大学人は与えられているシニフィエのみが真実であるとし、シニフィアンを問わないどころか排除さえする。学生は大学学歴を獲得する中で自己従属を完成させ労働力を売り渡せる賃労働者になる。

いろんなことを含んでいます。新たな知的資本によるシニフィアンを働かすイノベーションのみが脱していける。

フランスでブルデューの『ディスタンクシオン』（藤原書店）を読んだ多くは企業人です。顧客の階層趣味が明晰に考証されていますから使える。趣味判断は意味する作用になるからです。そしてボルタンスキーの『資本主義の新たな精神』が欧米では企業人に読まれた。日産の副社長だったペラタさんが、わたしがブルデューやボルタンスキーらと交通があると知って驚かれてこちらへの研究委託が決定されたのですが、日本人社員の方たちは、誰で何のことかという雰囲気でした。欧米の経営者たちはちゃんと勉強されている。60％以上が大学院出です、日本はわずか6％弱です。知的低開発国です。

つまり、哲学的・理論的な言説転換と企業活動の斬新な進展とは相即なのです。なぜなら、それは人々の実際生活状態への対面であるからです。人も状況も変化していく、学問理論も企業環境も変化していく、それは別ごとではない、連動しています。大学と経済とがシステム分離しているから別ごとだ、となっているにすぎない。十九世紀状態です。ドラッカーが、日本は大学のままで、社会人教育の高等教育が全然なされていない、知識社会では社会人の高等教育が非常に大事だと言っていたのは九〇年代末のことでした。しかし、ビジネス（もどき）大学がいくつかできても大学知性のまま幼稚なノウハウを勘違いでなしている状態です。大学の経営学など時代錯誤も甚だしいのではないでしょうか。よくて商品経済の経験シニフィエと統計数字の客観化でしょう。すると企業人が大学教師になっていますが、ただの大学教師よりましですけど本格的な学術研究などしていない、しかも思考形式は旧態の近代知のままです。この循環で遮られているのが「意味生成の概念経済」です。浅薄な知で具体経営がなされえるはずもないのに、それで現実的にいいのだ、本質を言われてもわかられない、つまり現実に対面するな、とされている。

概念スキームは抽象世界ではありません、人々の行動様式を規制しているものです。制度に規制された〈actes〉は個々人の自律的な〈action〉ではないのです。さらに慣習的な〈conduite〉が「振る舞い」として文化的にある。これらの用語さえ、理論邦訳書ででたらめ状態ですから、知的資本として企業の経済活動が正鵠に把捉されていないことに対応します。自分たちが何を為しているのか自分でわからなくなっている。日本語で、「働く」と「労働する」と「仕事する」では意味が違う、それを対象化できていない。自分で自分のすることを正鵠に理解しないのですから、その行動や結果が歪んでくるのは必然です。その集積体が企業活動になってしまう。するとグリーンエネルギーで英国首相が「job＝仕事を作り出す」と言っているのを、「雇用を作り出す」と訳すような誤認が一般化。

若い経営者の人たちは、感性的にそこを変えていますのも、社員個人の動きに耳を傾けているからで、情緒資本としてキャッチしかつ社員を経営自体へエンゲイジメント＝巻きこんでいるからです。しかし、知的資本は旧態のままですから、だんだんズレが起きてしまう。日本でベンチャー企業が育たないのは、実際のアクションに見合う知的資本マネジメントがなされないからです。

資本経済は、高度な知的資本によって多様な情緒資本を生かしていくマネジメントです。それは**述語制の言語思考によって概念スキームを組み替える**ことです。同じ行為をなしても、過程がまったく違って構成されて、結果も違ってきます。ホスピタリティ・オペレーションなど、海外では常識です。

**経営とは述語的経営である**。**資本と場所の経営**です。これは世界的にまだ明証化されていない次元ですが、実際になされていること、いずれはっきりしてくると思います。実際に自分たちがなしている「資本経済

capital economy」という用語さえないのですから。わたしが現実を見て概念化したのですが、普遍です。

わたしが企業との協働ワークをはじめた一九九〇年頃では、「文化」といったなら文化包丁か文化住宅かと言われていた時代です（これ二つとも和洋折衷の仕方）。文化を完全に馬鹿にしていた。文化は無駄なものとされていた企業活動です。そして同じころやっとメセナとして企業利益剰余を文化へ回すことが意識された。しかし、逆で文化剰余が企業活動を可能にするのです。そんな遅れた次元です。文化軽視はいまだに変わりませんが、経済化された経済だけが企業活動だと環境まで排除していた、環境をとりこんだところでISOの社会規範でしかない。そこに文化資本マネジメントを、資生堂の福原義春さんと一緒に展開していったのです。文化が経済の源だという反転ですが、「資本」概念の転移です。わたしの研究所と資生堂との文化研修で、ペンシルベニア大学で福原さんの講演を「文化資本」として大聴衆になしたのですが、米国でもまだ自覚されていないときでした。

〈actes〉はすでに規制化された行動ですから、そこから新たなものは作られない。その再生産を為している企業がほとんどですが創設期は〈action〉していた。そこをしっかりと客観化することです。概念経済がどこで転倒してしまったか、どう継承されているか見えてきますが、多くの実際経営者たちは、本質=現実の提示に苛立つ、そこへ不能化している自分だからです。

## 日本企業のほとんどはファミリー・ビジネス、その配置換え

――己自身を知れ、ということですか？

己の場所的配置を知ることです。社会配置ではありません。主体意識ではない。

日本の企業のほとんどは「ファミリー・ビジネスFB」です*。なのに、大企業の真似をしてソーシャル・ビジネスをなそうとするから疲弊してしまいます。〈ファミリー資本〉なのです。これはとても複雑な経営です。スイス・ローザンヌのIMDのシュワッツさんたちが始めた経営学ですが、スイスのプライベートバンクから連れて行かれて会いました。今でいうと「情緒資本」や「社会関係資本」のマネジメントの複雑さを彼は強調していた。家族や親族の気持ちや人的関係の複雑さです。経営を直撃します。

ですから六〇年代マネジメントは、ファミリーの家政的経営からの離脱でした。しかし、ソーシャル・カンパニーもその組織内でファミリー的な人間関係を重視しますが、日本はそれがだんだん冷たくなっていきます。規範化された個人化が社会浸透していくからです。経営幹部は社員よりも株主の目を気にし始める、営業利益を優位化する、社会規範の規制が入ってくるなど、企業環境が窮屈になっていきます。意識はされていないでしょうが、政治経済学は「社会平和」を課題にしているのですが、そこに社会的な雇用保証が大きく絡んできます。経済均衡が厚生の問題になってくる。競争の無秩序状態よりも、社会平和の全体的な厚生福利が重視されていきます。資源分配の均衡ですね。それは個人利益が万人の「社会」利益となることです。社会厚生の関数です。ファミリー・ビジネスは、そこに対応できなくなっていくのです。さらにソシオ・カンパニーが仲間主義会社に対して強調されていきます。社会貢献する企業です、CSR（企業の社会的責任）が企業統治／ガバナンスで要されていく。しかし、お題目だけの環境への取り組みが、自己正当化のためになされるだけです。

また小企業は大量生産の下請けに従属配置されてしまう。価格は、発注元が規制してくる。そして人間本性は最適化の合理性へとしかも効率化されてしまいます。そこに新たなたくさんの矛盾が、社会とファミリー経

* 日本企業の90%はFBと言われる。老舗、同族経営とされる。USAでは、GDPの50%弱、雇用の60%弱、雇用創出の78%がFB。日本では社会企業分析がなされるだけで、FB研究は遅れている。

営との間に発生してくると、ファミリー・ビジネスもソーシャル・カンパニーとならざるをえなくなるのです。商品物象化ではなく社会物象化に配置される。

わたしは、ここを社会発展はなされたが、ファミリー・ビジネスの危機を内在化したと考えます。社会的な賃労働雇用を余儀なくされたためです。環境的に言いますと、場所配置から社会配置へと否応なく規制を受けたのです。社員は社会規則的な要請と権利を主張するだけの傾向になってしまう。いまだに労働組合で、経営への考慮もなく「給与を上げろ!」です。労働疎外王国化のマルクス主義です。

わたしは家族世間的な日本において、ここで起きている企業活動の根源的な問題がなんら明らかにされていない、それが資本経済を忘却させることを不可避に招いたと見ています。そのまま商品経済の社会普及が一般になってしまったのです。ボルタンスキーのシテ論から言いますと商業的シテと産業的シテとの分離、違いです。物=財の配置が変わってしまうのです。

量産的な商品以前において物=財は稀少性であり、他者の欲望によって決定されることでした。そこにさらに稀少性は万人の欲望に従属することで人々を紐帯させていた。誰も持っていないものに価値があり、価格が高いが、しかしそれは多くの他者が欲望していないと持っていても価値がない、誰もが持っているものは価値がない。しかもそこには価値を数で評価するのは人間としての堕落だ、という道徳感情があります。価値、価格は物のこと、人に見出されるのは敬意や尊厳だということです。

商業的なシテは、ここにおいて協定、物々交換、購買によって、家族的な慈悲深い贈与や共同的な互酬性から脱していくのですが、物=財の稀少性は保持します。今でもその店でしか買えない高価な稀少性での商売がありますが、それは大事な人への「心がこもっている」贈与やプレゼントとしても機能しています。他方に、他者たちの満たされない欲望があるゆえ、それは高価な価値をもつのです。売る方も買う方も自己利益のために交換をなす新たな「社会的」紐帯がそこに生みだされます。さらに、そこには市場を理解し、規約に基づいた契約を結ぶ能力が働いていきます。所有欲の対象は交換によって譲渡されるのです。稀少価値を下げた商品の量産へと移行する。

ところが産業的な商品量産の経済世界になりますと、誰もが最低限のものを社会的な「公正価格」によって持てるようになります。それが可能になるために、分業が構成され、労働価値が設定され、量産化への投資がなされます。市場競争から価値が結果します。物自体の稀少価値ではなくなるのです。しかし、持っていない物=商品に憧れますし、商品も差異化・差別化されて稀少性を薄めてはいますが残滓しています。しかし稀少性よりもむしろ「欠如性」の方が市場で機能しているのです。商品と賃労働とで満たされる「社会」が構成されます。社会市場の中で常に欠如が探索され、ニーズとして転倒されて、生産対象となり、効率的利益が物質的な最大利益を生み出すことになります。ここに、見せかけの財が無数の方法で人々を結びつけるというジャンセニストが指摘した「唯一無二の善=財」を「見せかけの財」で置き換える共通善の状態が出現しています（ボルタンスキーは商業的シテの特徴として挙げていますが、わたしは日本社会の産業的な物象化においてこれを位置づけます）。

ファミリー・ビジネスは、ドメスティックな状態ではなく、商業的シテにおいて誕生し、それが産業的シテへと組みこまれていくのですが、基本原理は物=財の稀少性に配置されていたままでの配置換えになるのです。disposition は「性向」「気質」というシニフィエではない、〈配置換え〉するシニフィアンです。この理論概念も、翻訳書のすべてが日常語だとして間違えています。

大きなファミリー・ビジネスは自分で生産し組み立てますから、従属的にならないで済むものの小さな事業主は部品の下請け生産へと配置換えされます。自分で作ることのネットワークを配置しないと、出来上がった物を販売することで価格も規制されることにしかならなくなります。この分かれ道は、非常に大きな社会構成変化を成したと言えるでしょう。

——ボルタンスキーは、商業的シテにおける「情念」の配置を非常に強調していますが、それは情緒資本と関わることですか？

ええ、所有欲を軸にして、理性より情念自体による情念の統御が、交換世界で社会秩序を保つとした思想家たちの哲学的シテを抽出しています。この指摘は、フーコーもブルデューもなさなかった事柄で、ボルタンスキーの秀逸なところですが、そこに個人利害と「社会」概念の出現があることの示唆が重要だと思います。これも九〇年代末に評判になったハーシュマンの『情念の政治経済学』1997（法政大学出版局）へ依拠しながらの再考証です。欲望、栄誉、自尊心、虚栄、欲求、徳といった観念への分析です。利益を考える時に、商品経済が欲求のみを対象にして見失っている世界になります。つまり情緒資本の働く場です。ソーシャル・カンパニーが覆い隠してしまった情念界ですが、ファミリー・ビジネスにおいては大きく作用している観念・精神です。知識とともに、経済の基盤に作用している生産ファクターなのです、情緒資本は。

私的な利益にふける人間であるからこそ、その情念から市民社会的秩序が生まれた、という凶暴・貪欲・野心を、しかし理性は統御できない、情念のみがそれを公的な幸福へ導くという十八世紀の思想です（日本では、心学、報徳道、農政学などに対応）。公正な価格を定める商業競争が平和を保障する、情念は悪意を持つがそうしない方が得だという情念が働くのだ、とか情念自身の自己統御が強調された時代です。人格から分離された財が、外的な財の所有において、精神の内的満足とは別に、社会を安定的に維持するのだ、となります。道徳的には虚栄心が批判され、富に所有されると不幸だと考えられていた。こういう情念は配置の場所が違ってもいまだ残滓している。

財の所有を共通善にする傾向は残滓したまま、産業革命後の十九世紀に大きな批判にも晒される。産業的経済は、それを社会主義的な「公正」の概念において分配する概念経済なのです。実態は、平均年収としてほぼ同じになりますから、実は生産性が上がっても個人は豊かにはならないし、差別的な偏極構造は同じままです。日本は先進国で平均年収はまったく下です、社会主義的なのです。つまり、情念は解消されていないで、正義の容態のみが規範へと変貌して生産様式を固定させていきます。均一の「社会」構成に概念化されているからです。お金がかかることを無駄と見なすことが、社会公平であるかのような情念は始終マスコミが使う。

わたしが申し上げたいのは、情念の働きを無視しての知的資本の作用は意味がないということです。マネーが汚いとされている情念が残滓したまま、金銭主義経済になっていく奇妙な構成になって、日本は停滞している。わたしの情念論は、高倉健・藤純子の任侠映画で論じましたが*、義侠心、侠気、という正義の観念が、高度成長期に対立して大きく表出した映画です。背景にらっぱ・すっぱ連衆への「人入れ稼業」が、近代で港湾の沖仲仕や石炭、石切、運送などの産業的人足集めの組対立を引起こす、そこでの「ごろつき」情念の働きです。突飛もない

* 山本哲士『高倉健・藤純子の任侠映画と日本情念：憤怒と純愛の美学』EHESC出版局

ように思われるかも知れませんが、それが『仁義なき戦い』の産業的な「貪欲」の世界へ切り替わり、菅原文太が嘆くリアル世界になる。同感・共鳴の配置換えがなされていく産業社会経済への情念からの批判です。これは西部劇も同じなのですが、文化的にとても大事な情念=情緒資本ですが、そのままでは「死んで貰います」と傍若無人になる他なくなります。憤怒の情念表出として想像的に共感しますが、大事なことは知的資本がどう働くかです。

それが〈述語制〉の知的資本です。**利益の問題は交換ではなく〈述語制の資本〉の問題**なのです。

## 述語制の資本マネジメント

――どういうことですか? 商品/組織マネジメントではないことだとはわかるのですが。

最初に申し上げたように、資本は物質的経済だけの事項ではない、心性・精神(情念・情緒・感覚)に関わる問題であり、文化/知を根源にするということです。かつ場所環境が規制的に働く。日本文化を忘却し環境を切り捨ててでは、もう経済活動は成り立たない。九〇年代の世界の先端的な理論はそこを大きな課題にしていました、ドラッカーでさえです。日本は世界の環境動向に規範的な活動として参画しますが、日本自体の知的利益を、文化利益を、経済活動や政治において十分に生かしえていないのではないでしょうか。これは大変深い文化を有している日本において、とんでもない損失になっています。小さなアクションですが、わたしが編集している三和酒類の「季刊 iichiko」では30年以上にわたって、知の世界を可能な限り文化学として研究探究し世界水準で集約してきました。ポスター、CM、ビリー・バンバンの音楽、ボトルなど洗練されたデザイン資本総体を河北秀也プロデュースがなした企業文化経済の一環においてです。多くは商業的な文化生産や儲けの経済主義で己が身を結局は損失させてしまうのも、ドラッカーの言う第四の「知」の要素をなおざりにしているからです。経済シニフィアンは象徴資本・文化資本の資本形成とその資本継続なのです。知的資本／美資本はコストパフォーマンスの事態に還元されない創造で、資本／労働／土地の経済活動の地盤になるもっと主要な第四の要素です。文化をコスト上で無駄だとしたとき、経済活動の地盤要素を捨てることですから、その企業体は必ず衰退します。自分で知的資本の形成を有している企業は強いです。最初のイデアに「民俗／精神」をすえ道具・環境・資本をへつつ私たちが到達した閾は、日本語が述語的言語であり、日本の技術が場所／環境における非分離の述語的な文化技術であることです。近代が「和文化」化*（南蛮と蔑んでいたのに、西洋を優位にたて日本を下において、失われるものを大事にしようとする発想）されて忘却してしまった日本の文化的根源、つまり経済の原動力の発掘です。それを括ると〈資本経済〉〈場所〉の忘却からの甦りであるとなります。場所だからと褞袍をきたまま世界へ出ていくことではない、洗練されないと。河北デザインにはイデアがあるのです。

資本を資金や資財という金銭マターにしたままだと、マネーの本源的な意味さえも喪失することになる。マネーは経済の有機的な血の流れなのに、所有物とされ、情念側ではいまだにお金は「汚いもの」、「悪である」かのようなもの、さらに官僚的には大切な物事を実行しないための言い訳にさえ使われますが、古い情念が道徳作用しているからです。本質は資本が忘却されているからです。

お金がお金を産む「利潤のための利潤」「利子産み資本」をわたしは「不届き資本」と名付け、自律資本が生かされている「和み資本」から区別しますが、ジュネーブにいて資本マネーが大きな変貌をとげていくのを

* 長谷川櫂『和の思想』中公新書

目の当たりにしました。利子産みの商品的マネー運用では、損失していくのです。マネーは経済活動のために「使われる」ことであって、貯めることではない。なのに今、マネーがどこかに蓄えられてしかも消えていってしまっています。循環しないマネーは崩壊を招きます。国家の借金のみが積み重なっていく、国民の預金額をそれが超えたとき国家破産が起きる。明白な事実が迫っています。政治家も経団連も日本銀行総裁も賃労働者だから、「資本」の動きが見えていないままに施策をなしている。

資本経済は、資本者がマネーを適切に「使える」ことです。規則や法は従うのではなく「使う」ことです。雇用ではなく資本者の「仕事job」の創出です。限界ある経済価値に対して社会価値ではない「場所価値」を配置すること。商品生産ではなく資本形成です（資本形成されれば商品は自ずと作れる）。自律身体の自転車速度をコアにしモーター乗り物を補助とする交通体系、場所金融システム、ゴミゼロ・ミッション、グリーンエネルギー、など「場所＝環境」規準です。これは「社会」主義的な仕方への歴史的批判をしっかり持っていないと大きな誤りを犯します。企業無限成長の救済へ向けて飼育されることになるからです。

**商品経済マネジメントは**分断された分業のままの協同アレンジ、市場売り上げ増大の賃労働状態での改善調整、その再生産マネジメントです。つまり、現実に対して「現実性」をリアルだと稼働させる「物象化の調整マネジメント」です。物の使用価値を価値形式化する商品物象化と、生産者の生産を労働力化する制度物象化と、規範関係を市場経済へ合一させる社会物象化を、主語制言語への「言語の物象化」によって調整する、いわば非常に高度な物象化統括を経験則だけでなしているため、自分たちは固有な経営を日々営んでいると強く思いこんでいる。物・使用価値は経済蓄積しないゆえ交換価値化し、仕事する人は「労働力」へ、市場

商品経済による物象化マネジメント

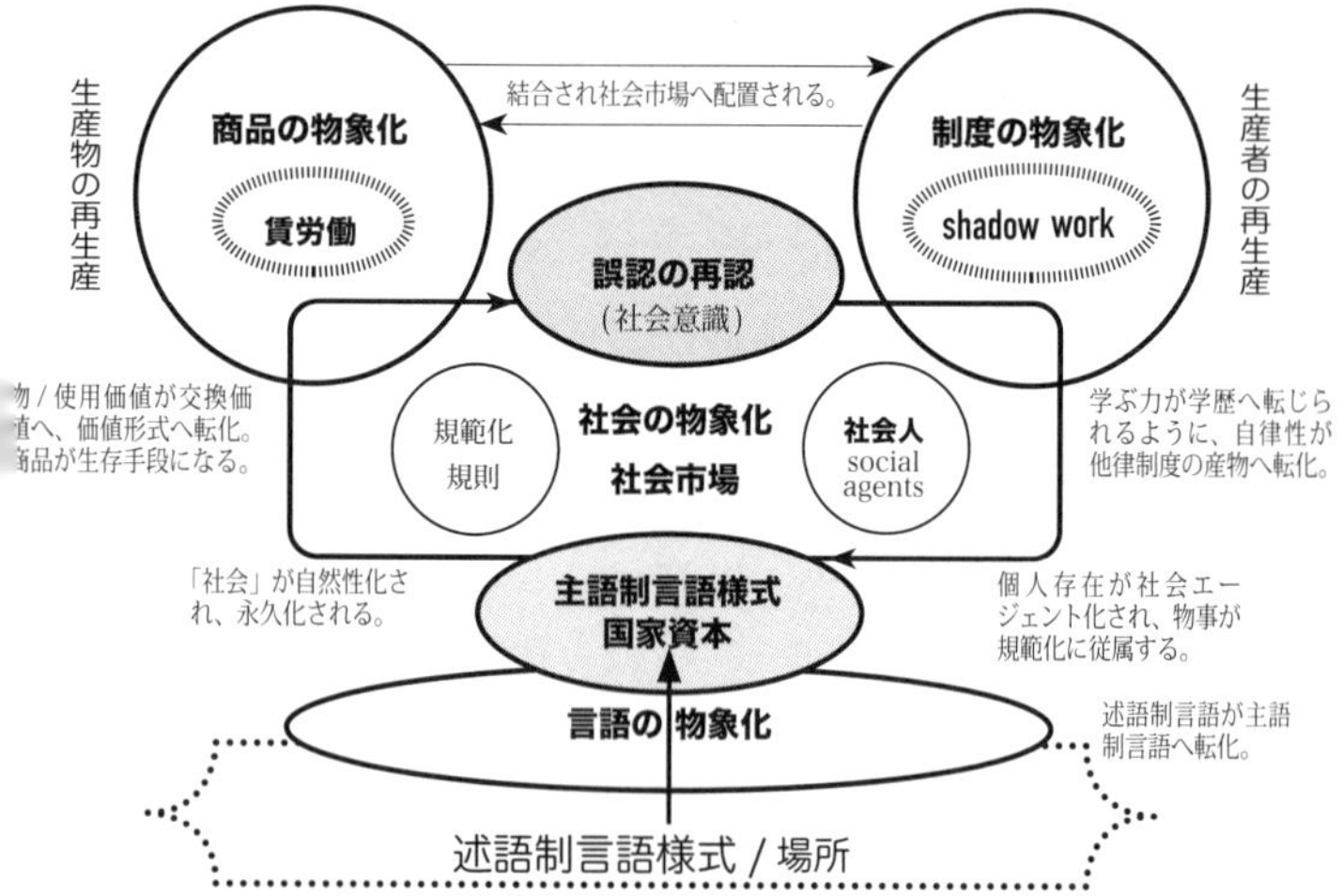


【本質的規定態と物象化】

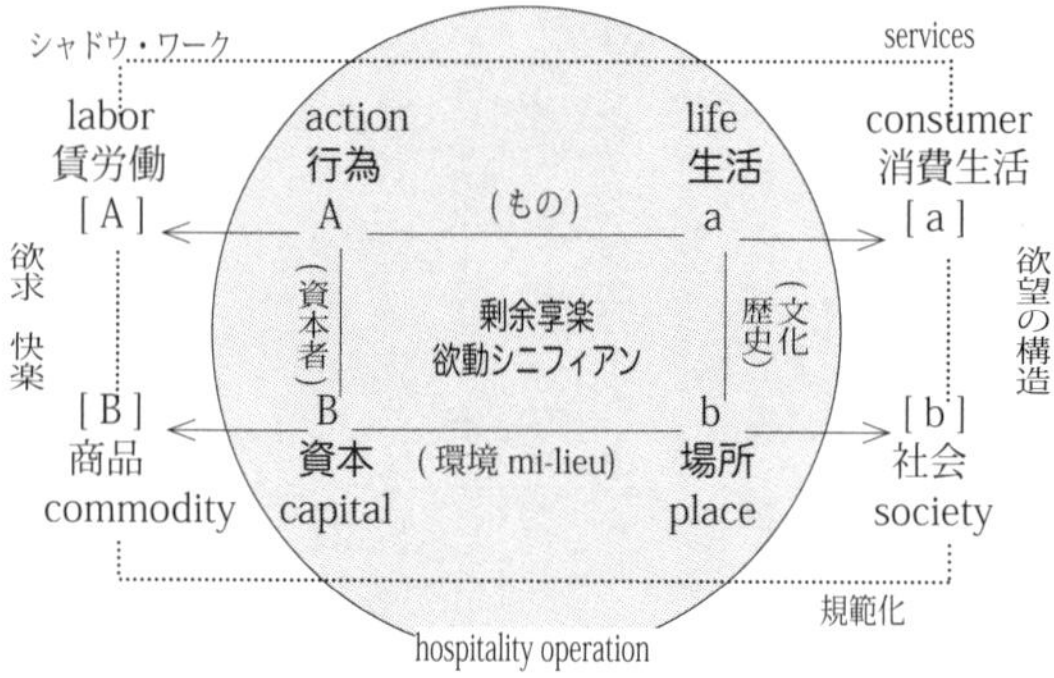


自分がいかなる関係規制にあるのか、それを自分へはっきりさせる批判体系をしっかりしておかないといつのまにか為している物事がもとへ戻ってしまうゆえ、示しました。物象化マネジメントと欲望構造との複雑な構成は『国家と再認・誤認する私の日常』において解析。物象化の構成は『物象化論と資本パワー』で明示。
資本経済は、本質規定態における円内で構成されるが、内在的に複雑な構造になるのも、諸関係が非分離の述語表出になるため。これが、社会空間の社会市場へ疎外転移され、物質的な最大効率利益を目的とする産業社会経済を［ ］の四肢間へ構造化している（廣松渉は労働と生産物との単世界しか見ていないが、、制度や社会も物象化として考えられると示唆してはいる、現象学的な四肢間構造規定は重要)。国家や家庭、教育制度まで含めた総体は、『〈私〉を再生産する共同幻想国家・国家資本』『吉本隆明と「共同幻想論」』に図示し論述してある。現実界は複雑であるのです。

は商品経済市場化し「社会市場」へ構成、考えることは「知識預金」へ、売れる物づくりの労働時間統括、労働力分業されたままでの協同化、生産手段の効率化、他律依存の分配、客が来るのを待つだけの販売など、それらが利益を産むと物象化効果をなしています。これら物象化世界を社会市場として体現すべく、国民総体を対象にした大変な数の人たちの社会組織形態を要した。しかしもう物象化事業では成り立たない。なのに現実そのものに立脚すると儲からない、と思いこむところまできています。環境取り組みまで経済均質空間へと物象化してしまい、そこに気づかない。物象化行動は生半可ではない、生産性において膨大なロスです。

物象化 reification とは虚偽意識ではない、本源的な関係が転倒して別次元へ物化関係されて、実際の現実性、を構成することです。意識や行動の仕方も転倒します。物象化の最大の効果は、現実自体／対象自体を見えなくさせることです。日本の「社会」発展は、これなしにはありえなかったでしょう。

COVID19 後は元の状態、画一的社会統治の無力さ、そして離床した商品消費経済の過剰な横行、そこに戻りえない。物象化は目的に反する「逆生産」を産むだけ、儲けを目的化しても儲けは出ない。

しかし、**剰余価値と剰余享楽の新たな仕組みでの生産は資本経済の要**になることです。儲けは他律的目標ですが、真の利益を産む「剰余生産」は資本者の自律的な行為です。「労働 - 資本」関係ではない、資本者間の関係協働によって、場所の微分的経済の多様さが活性化されることです。

近代化を成しとげたとてつもない日本のエネルギーは、その旧来からの述語的な文化資本の力があったから可能だったので、西欧原理からではない、西欧原理を活用しえた底力の方です。ここを見誤ってはならないと思います。基盤を忘却さえしてしまっているのは大問題です。

近代化のパワーを超える地盤にあった〈**述語文化のパワー**〉を活かすことが、文化・環境・経済をからめてこれから求められます。日本文化にはその力が普遍的にあります。その原理が、西欧原理の「主語制、分離、社会、自己」に代わる〈**述語制、非分離、場所、そして非自己**〉の技術です（『哲学する日本』）。近代化を可能にしながら、近代化において忘却されていった本来の技術です。

ここで大事なポイントは、紐帯／繋がりはそれを享受する人には帰属しない資本であるということです。ですから、賃金のような金銭関係は生まれません。資本が良い意味で、外在的に作用することです。資本は所有possession/proprietaryではない、〈領有 appropriation〉関係にあるからです*。そして資本は、自然疎外に配置されている本源的で文化的・環境的なものなのです。

**【医療行為と医療化：異なるマネジメント】** 人間の自然的本性を遮る社会統治技術は無効です。紐帯lien＝繋がりをどう非感染に配備するかを短期のプロジェクト形態において考案せねばならない。感染者は誰からも求められない者であってはならない、抗体形成において貴重な存在として関係的属性にある、ウイルスと闘っているのです。正義が「予防」の医療化におかれると、三つのことがおきます。第一に、感染予防が優先されて、たとえば災害避難所で熱のある人は受けつけないというような事態が招かれてしまう。現に、感染発生当初、病院自体が患者拒否をなしました。感染者が増えベッドがないからと入院を受け付けない。命を守ることが転倒されます。第二に、差別と排除の制裁がなされるだけの堕落になってしまいます。医療化実行の規範を守ることが最優位に置かれて、病／命は二の次になってしまうのです。第三に、医療化は道徳化を招きます、マスクをしていないと人にうつすのかと犯罪者扱いさえする、感染者も犯罪人扱いになり、感染医療従事者も排除差別される。監禁に従わないと罰則される。医療に関係ない次元で自律性を許容しなくなるのです。

医療行為の本質はあくまで一対一です。医療化medicalizationはそれを喪失して一対多数の一般治療を「社会」になすだけです。個々人は無視されます。産業社会経済において医療化はもっとも人々に浸透したマターです。命がけで感染治療に当たっている医療従事者を、さらにはその家族を「危険」だと排斥する愚行さえ医療化は招きます。また病は自律行為において治癒するのであって、医療化は自律行為を麻痺させます。感染予防のため、取り締まりへ転じられ独裁化まで正当化さ

* それゆえ、資本と労働とが労使関係として分節化されると「領有法則の転回」が稼働する再生産構造が形成されてしまう。労働疎外論が見失っている理論閾です。

れる。医療崩壊が起きると医療化された医師はヒステリックに叫びますが、医療行為より医療化経済優先をなしてきただけだから対応できなくなるのです。病院が感染原にさえなります。逆生産の蔓延が医療崩壊です。感染予防が規則化へ転倒されるのが緊急事態宣言です。病が罰則される。規範化社会は商品・サービス社会とセットですが、それこそが乗り越えられていくべきことです。ニュー・ノルマ、それはノルマ社会=規範社会のままの社会統治技術でしかない。

資本主義批判が、いかにも現在世界の危機を把握して、さらには社会主義的ないしコミュニズム的な方向性に解決があるかのような提示をいまだにしています。独裁を誘発する驚くべき隠れマルクス主義の思考言説です。その資本主義批判は、〈産業社会経済〉の考察がなされていない。現実の牙を抜いてかつ自分をよそにおいて、〈資本〉を悪だと外在化し、その可能条件を剥ぎ落とす理論効果を招いています。

マルクスを自然疎外からの歴史的な構成として何ら把握しえていない、優等生的にシニフィエだけをまとめ論述します。マルクスはマルクス主義の二流思考ではないのですが、シニフィアンを読みとらないとマルクスの意味はない。それは、資本作用を読みとるべく、〈資本家—労動者〉の概念空間から〈資本—労働〉の概念空間を識別し、労働過程論を自然疎外の哲学空間へ消去配置しなおし、歴史的構成は三位一体の再生産理論として組み立て直す必要が、「知識」を第四に配置して基本にあります。アルチュセールがいう「生産諸関係の再生産」の配置だけでは不十分です。社会的再生産/文化的再生産を制度再生産とともに理論言説編制せねばなりません。それらは、『資本論』と『剰余価値学説史』を『要綱』とともに領有しないとなされえない。それを現実に即してなしえている論述を、わたしは見たことがない。マルクス主義者たちはまったくそれをなしていない。ましてや隠れマルクス主義の粗雑さは、「資本の亡霊*」などとひっくり返る粗雑さ。資本主義と資本とを識別対象化しえていないから、不透明・不安定・不確実性のままになる。環境論の取りこみもマルクス主義的思考形式の中へです**。

* ヨーゼフ・フォーグル『資本の亡霊』法政大学出版局

** エコロジーもマルクス主義の変形物です。場所概念がない。

社会主義国のおぞましき現実的実際を実証考証せずに、まだ社会主義やコミュニズムのイデアを引っ張り出します。ロシア・マルクス主義の消費社会版です。社会主義は社会主義国独裁になるだけの産業的生産様式の一形態でしかない。そこに欠落しているのが、国家論の不在です。暗黙に国家権力所有の支配・抑圧のレーニン国家論を背後においたままなのです。本質論としての「共同幻想」を無視し、さらに権力所有に代わる「パワー諸関係」の概念空間を領有できず、まして歴史構成である「国家資本」概念がまったくない。それは「統治技術」の史的編制の実際を何ら把捉していないで、公正の理論効果を当ててごまかしている。無知は独裁を招く。

さらにですが、歴史段階が文化論をふまえて、アフリカ的段階、アジア的段階、西欧的段階、そしてアメリカ的段階もなしに、帝国論や人新世論として一般化される粗雑さです。帝国主義論よりマシではありますが、象徴的生産様式として親族生産様式から商品生産様式へと転じたことの文化変容を把捉できていません。そこで、〈もの〉、その〈場所〉の物質文化が消されてしまう。実際行為《プラチック》世界を無視です。

その上で、現在社会を、消費社会論にとどまることなく物質文化論として考証することが、使用価値 use-value ／有用化価値 utilization value および環境論を考察しなおすべく求められます。環境を社会市場の経済均質空間へ押しこんではならないのです。環境は、場所です、その生命環境世界です。

以上が、世界線ですでに提出されている基礎水準です。これらをきちんとベースになしていないから、物質科学論理を背後において隠れマルクス主義で現在世界をもっともらしく語るのです。しかも白々しい他人事としてですから、自分の足元をまったく考えていません。大学教師は研究者・学者である土台が賃労働者です。それで労働の搾取などを論じる。するとさまざまな理論効果が、いかにも真実であるかのように語られます。

★「僕の前に道はない、僕の後に道は出来る」（高村光太郎）です。商品社会経済・政治統治は、既存の出来上がった道（シニフィエ）に沿い従いその中で実践するのが現実的だと錯誤しているため、根源で作用するシニフィアンを実在しないと排除し、実際世界そのものを見ない、見えないものに挑戦しようとしない。

「救済の王国」があるかの如く目的とされ、正義や真正のように示される。（イデア／ビジョン転倒／喪失）
客観化しているかのように分離されたシニフィエが「客観総合」として擬装される。（シニフィアン喪失）
主体的な意識化や認識、そして改革や救済への実践として示される。（目的へ飼育される投企行動）
表層のマネジメント論は、こうしたものの亜流になっているのが日本です。資本が不在のノウハウです。感覚、情緒、そして資本・土地・労働に加えるべき第四の「知（識）savoir」への動員がなされていない。

期待の未来を語るこうした知／言述に対する批判言説と可能条件の探究において、わたしは40冊以上の書を「知的資本」として論述してきましたが、経済、社会、教育、文化、環境、政治すべての現実の複雑さは生やさしくないゆえの明示です。しかも、第四の蓄積生産要因としてです。〔資本蓄積は生産手段、建造環境、科学技術に次いで第四に文化資本／知的資本からなされる〕

資本概念も場所概念も、当たり前の理論成果として世界では提出されていることです。わたしが勝手に言っているのではない。資本経済をバラ色に描くことではない、その非決定閾へアクションすること。**〈述語的な〉資本経済としてホスピタリティ・オペレーション技術をもって知的資本〈概念経済〉を働かせて〈場所〉を稼働させること**、その通道の先は自分が為すのです★。知的資本によるイノベーションとは、個と全体の関係がゴールの達成・協調において要素間の関係を場所において決める継続的な充足律と、個と個との述語的な関係での切磋琢磨の中で要素の性質を最適化律として共時的に決めていく、そこでの無限定な環境に仮説目的を立て情報を創り調和的関係を形成し自己限定していく、資本者の日本文化資本を活用した述語的なアクションです。

質はどうあれ西田の場所論をイノベーションへ応用した事業改革論もあります。知的資本のマネジメント論は、言説の転換をちゃんとふまえて世界ではなされています。ブルデュー理論やボルタンスキーはマネジメント論へ使われているのです。＊

*Ahu Tatli, etc. eds.), *Pierre Bourdieu, Organisation and Management*(Routledge, 2015)
Asimina Christoforou & Michael Laine(eds.), *Re-Thinking Economics: Exploring the work of Pierre Bourdieu*(Routledge, 2014)
山田善教『場所の論理による事業改革：イノベーションへの西田哲学の応用』白桃書房

わたしは、経済は下部構造ではない、上部構造へと配置換えされることで社会構成体論から脱せると考えていますが、広義の本来の経済が人類生存の要であるからで、文化や環境とともに生命・自然に対して人為的なものとして、非分離技術を合わせもって非常にたいせつであるからです。十九世紀は産業化を促進しながらし かし「すべてが政治である」時代の始まり。二十世紀はその延長で戦争と平和とが相克する民族国家主導の政治経済の時代でしたが、未熟な産業社会経済をなしてきただけで、社会矛盾や民族問題、そして地球環境とされる多様な場所環境を破壊させ、世界偏極構造を生みだしてしまった。いまだにまたもや情報技術と領土をめぐっての冷戦的な対立世界構造です。コロナ感染の不安につけ込んで未知への無知をいいことに独裁的体制まで出現する。

便利で快適な産業社会生活は、他律依存で、人々の不安を内へ押し隠しているだけです。若者は自分の感覚・認知さえ喪失する真面目な主語制傾向へ一般に追いこまれている。企業人も大人／若者も女性もまた子どもも、「自律的な資本者」の自由プラチックとして生かされないのは全ての分野において大いなる損失です。

わたしたち老人がもう出るような幕ではないのでしょうが、あまりに事態それ自体を見ない大学知による低い知性の横行には、どうにも我慢できない。しっかりしてくれれば静に余生を送りたいのですが、最低限の知性はこれだと嘆きながら真理を語るのみです。しかし資本は自律の寛容と尊厳 dignity の非決定の前へと進むアクションです。わたしの言っていることは実際活動をなしている現場感覚のある若い自律した企業人たちにすでに知的な支えになってきています。絵空事ではない。本質論は実際論です、実際現実のアクションです。

資本者として資本経済を場所において自然・景観の生命的な場所環境と非分離に述語的に開くこと。そこに希望と自己技術による現実可能の具体があります。

## 【付】資本主義を批判理解し、資本経済を開くための基礎文献案内（主に日本語で読めるもの）

◉古典的な資本主義論は、

マルクス『資本論』とくに第3巻を。

シュンペーター『資本主義・社会主義・民主主義』

ヴェーバー『プロテスタンティズムの倫理と資本主義の精神』

であるのは言うまでもないが、この三著を同時的にふまえないと隠れマルクス主義へ堕します。

◉現在的な資本主義論の基本は、

デヴィッド・ハーヴェイ

『〈資本論〉第2巻・第3巻入門』作品社

『資本の謎：世界金融恐慌と21世紀資本主義』作品社

ベン・フィン『資本経済の諸理論』多賀出版

『マルクスの「資本論」』ハーベスト社

が明解。粗雑な暗黙マルクス主義のピケティやガブリエルや日本の資本主義論よりはるかにしっかりしたマルクス主義的考察です。ですのでマルクスではない。教養的に

ドラッカー『ポスト資本主義』ダイヤモンド社

リチャード・セネット『不安な経済／漂流する個人：新しい資本主義の労働・消費文化』大月書店

レベッカ・ヘンダーソン『資本主義の再構築』日本経済新聞出版

さらに、低開発国の経済構造をふまえないと資本主義世界を把捉したことになりません。

A・G・フランク『世界資本主義と低開発』拓殖書房

ウォーラーステイン『史的システムとしての資本主義』岩波書店

サミール・アミン『世界蓄積論』拓殖書房

『周辺資本主義構成体論』拓殖書房

ドス・サントス『帝国主義と従属』拓殖書房

レギュラシオン理論による修正は幾分現在的考察です。

ミシェル・アグリエッタ『資本主義のレギュラシオン理論』大村書店

もっとも重要な資本主義論は

ボルタンスキー『資本主義の新たな精神』ナカニシヤ出版

Maurizio Lazzarato, *Les Révolutions du capitalisme* (Les Empêcheurs de penser en rond, 2004)

Jack Goody, *Capitalism and Modernity* (polity, 2004)

Nigel Thrift, *Knowing Capitalism* (sage, 2005)

Phil Graham, *Hyper Capitalism* (Peter Lang, 2006)

Ben Ager, *Speeding Up Fast Capitalism: Cultures, Jobs, Families, Schools, Bodies* (Routledge, 2015)

Jonathan Haskel & Stian Westlake, *Capitalism without Capital* (Prinston Uni. Pr., 2018)

あまた欧米文献はありますが、これらの書ぐらいは。

◉資本主義を文明史的・文化的に理解するには、

カール・ポランニー『経済の文明史』ちくま学芸文庫

『大転換』東洋経済新報社

『人間の経済』岩波現代選書

ブローデル『物質文明・経済・資本主義』みすず書房

マクファーレン『資本主義の文化』岩波書店

ダニエル・ベル『資本主義の文化的矛盾』講談社学術文庫

ドゥルーズ／ガタリ『アンチ・オイディプス：資本主義と分裂症』河出文庫

ユルゲン・コッカ『資本主義の歴史』人文書院
アンドレ・グンダー・フランク『リオリエント』藤原書店
ジェリー・ミューラー『資本主義の思想史』東洋経済新報社

●マルクス主義から脱してマルクス自体へ近づく媒介は、
マルクス『経済学批判要綱』大月書店
　『剰余価値学説史』大月書店
アルチュセール、バリバール、マシュレ、ランシエール、エスタブレの『資本論を読む』ちくま学芸文庫　マシュレとランシエールの論考を。バリバールの教条主義は無意味です。
アルチュセール『マルクスのために』平凡社ライブラリー
　『再生産について』平凡社ライブラリー
廣松渉『マルクス主義の地平』勁草書房
　『資本論の哲学』平凡社ライブラリー
吉本隆明『カール・マルクス』光文社文庫

●「資本」の理解
ブルデュー『ディスタンクシオン』藤原書店
マルク・ギヨーム『資本とその分身』法政大学出版局
ハーヴェイ『空間編成の経済理論——資本の限界』大明堂

●経済学を脱する経済の文化理解・社会理解のために
サーリンズ『石器時代の経済学』法政大学出版局
　『人類学と文化記号論』法政大学出版局
ポランニー『経済と文明』サイマル出版会
　『市場社会と人間の自由』大月書店
モーリス・ゴドリエ『贈与の謎』法政大学出版局
　『経済人類学序説』TBSブリタニカ
ルイ・デュモン『個人主義論考』言叢社
ハーシュマン『情念の政治経済学』法政大学出版局
ブルデュー『資本主義のハビトゥス』藤原書店
山﨑カヲル編訳『マルクス主義と経済人類学』拓殖書房
ジャン=ピエール・デュプイ『経済の未来』以文社
中山智香子『経済学の堕落を撃つ「自由」vs「正義」の経済思想史』講談社現代新書

●アジア的なものを理解する
吉本隆明『アジア的ということ』筑摩書房
ウェーバー『経済と社会』創文社
サイード『オリエンタリズム』平凡社ライブラリー
ウイットフォーゲル『オリエンタル・デスポティズム』新評論

●産業社会として考察したもの
ガルブレイス『ゆたかな社会』岩波現代文庫
ダニエル・ベル『脱工業社会の到来』ダイヤモンド社
イバン・イリイチ『エネルギーと公正』晶文社
　『コンヴィヴィアリティのための道具』ちくま学芸文庫
　『脱病院化社会』晶文社
山本哲士『学校・医療・交通の神話』新評論

●消費社会の基礎理解は、
リッツァ『マクドナルド化された世界』早稲田大学出版部
ボードリヤール『消費社会の神話と構造』紀伊國屋書店
フェザーストン『消費文化とポストモダニズム』恒星社厚生閣
内田隆三『消費社会と権力』岩波書店
堤清二『消費社会批判』岩波書店
山本哲士『消費のメタファー』冬樹社

●現在社会の理解
アーリ／ラッシュ『フローと再帰性の社会学：記号と空間の経済』晃洋社
ジョン・アーリ『モビリティーズ』作品社
『オフショア化する世界』明石書店
『未来像の未来』作品社
『グローバルな複雑性』法政大学出版局
バウマン『リキッド・モダニティ』大月書店
『グローバリゼーション』法政大学出版局
ウルリヒ・ベック『危険社会』法政大学出版局
『世界リスク社会』法政大学出版局
チャールズ・テイラー『世俗の時代』名古屋大学出版会
スコット・ラッシュ『情報批判論』NTT 出版

●「社会的なもの」を問いかえすために。
ドンズロ『社会的なものの発明』インスクリプト
アーリ『社会を超える社会』法政大学出版局
ラトゥール『社会的なものを組み直す』法政大学出版局
厚東洋輔『〈社会的なもの〉の歴史：社会学の興亡 1848-2000』東京大学出版会
菊谷和宏『「社会」の誕生』講談社選書メチエ
市野川容孝『社会』岩波書店
田中耕一『〈社会的なもの〉の運命』関西学院大学出版会

●「場所」を理解する
西田幾多郎「場所」
上田閑照『場所』岩波書店
ケーシー『場所の運命』新曜社
エドワード・レルフ『場所の現象学』ちくま学芸文庫
ドロレス・ハイデン『場所の力』学芸出版社
アーリ『場所を消費する』法政大学出版局
ノルベルグ＝シュルツ『ゲニウス・ロキ』住まいの図書館出版局
ベンジャミン・バーバー『〈私たち〉の場所』慶應義塾大学出版会
丸田一『場所論』NTT 出版
岡本哲志『港町のかたち』法政大学出版局
『江戸東京の路地』学芸出版社
山本哲士『場所環境の意志』新曜社

●「もの」の理解
ラカン『精神分析の倫理』岩波書店
ボードリヤール『物の体系』法政大学出版局
大森荘蔵『物と心』ちくま学芸文庫
ジャクリーヌ・ピジョー『物尽し』平凡社
津田雅夫『「もの」の思想：その思想史的考察』文理閣
山本哲士『〈もの〉の日本心性』EHESC 出版局

●「自己」「主体」を問う
互盛央『エスの系譜』講談社
竹内整一『「おのずから」と「みずから」』春秋社
小林敏明『〈主体〉のゆくえ』講談社選書メチエ
高橋文博『近世の心身論』ぺりかん社
フーコー『主体の解釈学』筑摩書房
『自己のテクノロジー』岩波書店
E・アンドリュー『コンシアンスの系譜学』EHESC 出版局
バウマン『個人化社会』青弓社
A・ルノー『個人の時代：主観性の歴史』法政大学出版局

●日本語を問い返す
藤井貞和『日本語文法体系』ちくま新書
『日本語と時間』岩波新書
金谷武洋『述語制言語の日本語と日本文化』EHESC 出版局
『文法詩学』笠間書院
浅利誠『日本語と日本思想』藤原書店
『非対称の文法』EHESC 出版局
野口武彦『三人称の発見まで』筑摩書房
鈴木貞美『「日本文学」の成立』作品社
斎藤希史『漢文脈と近代日本』角川ソフィア文庫
山本哲士『述語制の日本語論と日本思想』EHESC 出版局

●日本の文化資本を理解するために
坪井洋文『民俗再考』日本エディタースクール出版部
『神道的神と民俗的神』未来社
『稲を選んだ日本人』未来社
小泉文夫『日本の音』平凡社ライブラリー
小倉朗『日本の耳』岩波新書
野口武彦『江戸思想史の地形』ぺりかん社
田中仙堂『茶の湯名言集』角川ソフィア文庫
高島元洋『日本人の感情』ぺりかん社
網野善彦『無縁・公界・楽』平凡社ライブラリー
折口信夫全集 中公文庫
吉本隆明『初期歌謡論』ちくま学芸文庫
宮本武蔵『五輪書』岩波文庫
世阿弥『風姿花伝書』岩波文庫
『古事記』日本思想体系1：岩波書店
神野志隆光『古事記と日本書紀』講談社現代新書

●理論転移の基礎
フーコー『言葉と物』新潮社
『知の考古学』河出文庫
ブルデュー『リフレクシヴ・ソシオロジーへの招待』藤原書店
Bourdieu, *Raisons pratiques* (seuil, 1998) 邦訳無理解粗悪。
ドゥルーズ『基礎づけるとは何か』ちくま学芸文庫
レヴィ＝ストロース『野生の思考』みすず書房
アルチュセール『マルクスのために』平凡社ライブラリー
デリダ『エクリチュールと差異』法政大学出版局
ドッス『構造主義の歴史』国文社
マシュレ『ヘーゲルかスピノザか』新評論
ランシエール『無知な教師：知性の解放について』法政大学出版局
ラカン『精神分析の四基本概念』岩波文庫
『エクリ』弘文堂　訳がひどいので原書と重ねて読むこと。
バンヴェニスト『言語と主体』岩波書店
ブーヴレス『規則の力』法政大学出版局
ボルタンスキー『正当化の理論』新曜社
ポール・ド・マン『読むことのアレゴリー』岩波書店
吉本隆明『言語にとって美とはなにか』角川文庫
『心的現象論・本論』EHESC 出版局
『西田幾多郎哲学論集』I・II・III 岩波文庫
山本哲士『〈私〉を再生産する共同幻想国家・国家資本』EHESC 出版局

# あとがき

読み終われて聡明な読者は、いまや非決定の場所に放り出された感覚にあるのではないでしょうか?! 自分を規定している世界を知って、その意味された《シニフィエ》決定に従っていた社会場から出て、自分自身が意味する《シニフィアン》ことを場所においてなすことになるからです。〈資本者〉として「資本世界」を経済・文化・環境において了解するのは、知識の網羅ではない、自らをしっかり観て、対象を的確にとらえて、自己技術を「知的資本」として自律的に周囲の環境に働かせることです。多数者に他律依存的になることではない、自分自身になってアクションすることです。一人がいちばん強いのです。その上での協働。

話体だと物事が剥ぎ落とされて飛躍的になるが、その分簡潔になる。講演などではわかりやすいと言われるが、〈書く〉ことに手をぬかない自分は、思考を徹底してつめるゆえ難解とされる。大学知の一般常識の概念空間連鎖が微塵もないからだが、世界線では極めて当たり前のことを論じている。日本の学術次元から離床して、世界線で「自分」とその世界を領有すること、そこにいっさいの妥協はない。日本国際高等学術会議を一般財団法人で立ち上げ、文化資本学会と新資本経済学会を稼働させつつある。そこで何度もセミナーをしているとき、初発の入口がないことを自覚させられた。研究者たち自身によって「新書」を企画刊行することにした。文化生産の文化普及だが、あえて限界商品の生産である。(価格を抑えるべく限定頁内で注など詰め込んだ点をご容赦)。哲学原理を日本から述べた『哲学する日本』を同時に再刊した、合わせて理解の根拠がはっきりしよう。理論地盤/概念空間の転移だが、新たに〈資本〉が働く認識基盤である。世界の知も、現在は停滞しているが、六〇年代の構造理論、七〇年代の理論転回、そして九〇年代の理論深化までに新たな知は世界でほぼ出尽くしている。pratiques =実際行為を対象にしえたからで、その消化が日本の人文・社会科学の場では学術の地盤になっていない。まだ「実践」と訳している頭のスキームはもう遠慮なくいうが、対象をまともに考えない、概念空間をなんら理解していない学生以下の無知蒙昧です。「資本主義批判」を含む知のだらしなさは社会主義批判の不在から現実のだらしなさを産む。　なにごともはじまりは困難であるが、突きすすむアクションしかない。

## 山本　哲士（やまもと てつじ）

1948年生まれ。信州大学教授、東京芸術大学客員教授をへて、文化科学高等研究院ジェネラル・ディレクター。教育学博士。政治社会学、ホスピタリティ環境学など専門分割領域にとらわれない超領域的専門研究の研究生産と文化生産を切り開いてきた。大学を超える研究生産機関として文化科学高等研究院を1990年に設立、海外の研究者たちと交通し、国際セミナー／会議をなす。さらにその超領域的学問の実際活用をなす文化生産ビジネス機関としてJapan Hospitality Academyを設立（2005年創設、2013年に改組）、そして2016年にweb intelligence universityの動画配信知的システムを、2017年「文化資本学会」を創設し、2019年「一般財団法人・日本国際高等学術会議」を設立し、さらに「新資本経済学会」を設立。著書、編集・監修、雑誌の書籍生産物は、200点を超える（『聖諦の月あかり』参照）。

＊山本哲士の理論体系 http://japanhospitality.com/yamamoto/
＊ web intelligence university　web-uni.com
＊日本国際高等学術会議・文化資本学会
https://www.japanculturalcapital-gakkai.com
＊文化科学高等研究院出版局　ehescbook.com

知の新書 001

山本哲士
**甦えれ 資本経済の力**
**文化資本と知的資本**

発行日　2021年2月28日　初版一刷発行
発行所　㈱文化科学高等研究院出版局
東京都港区高輪 4-10-31　品川 PR-530号
郵便番号　108-0074
TEL 03-3580-7784　　FAX 03-5730-6084
ホームページ　ehescbook.com

印刷・製本　　中央精版印刷

ISBN　978-4-910131-05-4
C0230